サッカー日本代表2010年W杯へ

セルジオ越後録

セルジオ越後

造本・装幀／野村道子（bee's knees）

目次

CONTENTS

はじめに

'06年6月24日、成田空港近くのホテル。FIFAワールドカップドイツ大会のグループリーグ最終戦、ブラジルに1－4と大敗してからわずか2日後のこのタイミングで、日本サッカー協会の川淵三郎キャプテン（当時）は、当時ジェフユナイテッド千葉の監督を務めていたイビチャ・オシム氏に日本代表監督就任を要請していることを明言。日本の'10年のワールドカップへ向けた準備はここからスタートしました。

次のワールドカップへ向けて早々とスタートした日本代表は、それからの3年間でどこが強くなったのでしょう。3連覇の懸かっていた'07年のアジアカップは4位。ワールドカップ本戦前に世界と唯一真剣勝負できるはずだったコンフェデレーションズカップには、出場できませんでした。北京オリンピックはグループリーグ敗退。そしてU－20ワールドカップは8大会ぶりに予選落ち。そしてワールドカップの最終予選は4大会連続の本大会出場権を獲得したものの、オーストラリアに勝ち点差5もつけられてグループ2位で終わりました。

日本のサッカー界は'02年の日韓ワールドカップまですごいパワーがありました。強くなる

ために みんなが一丸になってプロリーグを作り、海外からスター選手を次々と呼んできました。ワールドカップのために本気で強化を図っていました。そしてJリーグがスタートしてから5年でワールドカップに出場。'02年には決勝トーナメントまで進出しました。

あの時——自国開催で熱狂した'02年——ほどのパワーが、今の日本にあるとは思えません。それは'02年以降「厳しさ」が失われていったからだと思います。自国開催で成功した日本サッカー協会は巨大な利権を得ました。結果、大きくなったビジネスに目が向き、ハングリーさは失われ、「厳しさ」もなりを潜めていったのです。親善試合でも内容が悪ければ監督解任を要求していたメディアや厳しくブーイングするサポーターはいなくなりました。今は日本代表が試合で負けてもスタンドからは拍手……。メディアも当たり前のように「世界ベスト4に行くぞ!」という〝希望〟を書き立てます。

成績を残さなくても誰も責任を追及しない。だから'06年ワールドカップの惨敗で責任を取るべき人たちがいまだに日本サッカー協会に残り、サッカー界の最前線に立っています。

もう一度言います。「負けたのに誰も責任を取らなかった」のです。プロの世界で、そのようなことがまかり通ることは本来あり得ません。後に迎えたアジアカップ、北京オリンピックの惨敗という結果は必然です。負けたら責任を取る。この当然の論理がなければ「厳しさ」は生まれません。「厳しさ」がなければ真の「競争」は生まれません。真の「競争」がなければ強くはなれません。「厳しさ」のない日本サッカーは'06年からほとんど強化されていない状況でワールドカップ南アフリカ大会のプレ・イヤーを迎えています。

厳しい監査の目で見れば、日本サッカー界はまだまだ粗《あら》だらけです。例えば日本代表。'07年11月に病によって倒れたオシム監督に代わって就任した岡田武史監督は、当初〝スペアタイヤ〟でした。スペアタイヤの本来の役割は新しいタイヤが届くまでの〝つなぎ〟です。でも日本はそのままワールドカップに臨もうとしています。明らかに健全でない状態で、しかも最終予選は2位で終わったのに、どこからも「大丈夫か」という声は上がってきません。それでいいのでしょうか。

日本のサッカー界は変わらなければいけません。変わらなければ、またドイツ大会と同じような敗戦を喫するでしょう。残念ながら南アフリカで開催されるワールドカップまではあと1年を切りました。ここまでの3年間、日本はドイツ大会の反省を生かしたのでしょうか。アウェーの厳しい戦いを経験せず、ホームでメンバーを落とした相手と親善試合の繰り返し。その結果がオーストラリアに最終予選でつけられた勝ち点差5です。「失われた3年間」。これはもう戻ってきません。

岡田監督は「ワールドカップでの目標はベスト4」だと言っています。正直に言うと、ボクは来年のワールドカップは、グループリーグを突破すればそれで万々歳だと思っています。もしもそれすら達成できなければ、現在「厳しい」と言われている日本サッカー界はより厳しい状況に追い込まれるでしょう。企業スポンサーがつかなくなり、Jリーグの客離れも加速するかもしれません。

それほどの痛手を負ったとしても、負けないと日本のサッカー界は変わらないのかもしれません。将来を考えたらここで負けたほうがいい、かもしれない。これはジレンマです。ワールドカップでのグループリーグ突破を祈る一方で、グループリーグ突破を果たしたら日本サッカー界は今後も何も変わらない、というジレンマ。

この本を読む皆さんはぜひ考えてください。日本を強くするために自分たちは何ができるのかを。

2009年7月　セルジオ越後

第1章　オシムジャパン

2007年5月～2007年11月

RESULT & TOPICS

2007-05

16日	北京オリンピック2008　アジア2次予選(香港)	U-22日本4-0 U-22香港

2007-06

1日	キリンカップサッカー2007 ~ ALL FOR 2010! ~ (静岡)	日本2-0 モンテネグロ
5日	キリンカップサッカー2007 ~ ALL FOR 2010! ~ (埼玉)	日本0-0 コロンビア
6日	北京オリンピック2008　アジア2次予選(東京)	U-22日本3-1 U-22マレーシア
30日~	U-20ワールドカップカナダ2007	U-20日本はベスト16で敗退

2007-07

9日	AFCアジアカップ2007 (ベトナム)	日本1-1 カタール
13日	AFCアジアカップ2007 (ベトナム)	日本3-1 UAE
16日	AFCアジアカップ2007 (ベトナム)	日本4-1 ベトナム
21日	AFCアジアカップ2007 (ベトナム)	日本1(PK4-3)1オーストラリア
25日	AFCアジアカップ2007 (ベトナム)	日本2-3 サウジアラビア
28日	AFCアジアカップ2007 (インドネシア)	日本0(PK5-6)0韓国

2007-08

1日	U-22 4ヵ国トーナメント2007 (中国)	U-22日本2-1 U-22北朝鮮
3日	U-22 4ヵ国トーナメント2007 (中国)	U-22日本0-0 U-22中国
5日	U-22 4ヵ国トーナメント2007 (中国)	U-22日本0-1 U-22ボツワナ
18日~	U-17ワールドカップ韓国2007	U-17日本はグループリーグ敗退
22日	キリンチャレンジカップサッカー2007 ~ ALL FOR 2010! ~ (大分)	日本2-0 カメルーン
22日	北京オリンピック2008アジア最終予選(東京)	U-22日本1-0 U-22ベトナム

2007-09

7日	3大陸トーナメント(オーストリア)	日本0(PK3-4)0オーストリア
8日	北京オリンピック2008アジア最終予選(サウジアラビア)	U-22日本0-0 U-22サウジアラビア
10日~	女子ワールドカップ中国2007	日本女子はグループリーグ敗退
11日	3大陸トーナメント(オーストリア)	日本4-3 スイス
12日	北京オリンピック2008アジア最終予選(東京)	U-22日本1-0 U-22カタール

2007-10

17日	AFCアジア/アフリカチャレンジカップ2007(大阪)	日本4-1 エジプト
17日	北京オリンピック2008アジア最終予選(カタール)	U-22日本1-2 U-22カタール

2007-11

3日	2007ヤマザキナビスコカップ決勝(東京)	G大阪が優勝。川崎Fに1-0で勝利
14日	AFCチャンピオンズリーグ決勝第2戦(埼玉)	セパハン(イラン)と2戦合計3-1 浦和がアジアチャンピオンに
16日	オシム日本代表監督、脳梗塞で倒れる	
17日	北京オリンピック2008アジア最終予選(ベトナム)	U-22日本4-0 U-22ベトナム
21日	北京オリンピック2008アジア最終予選(東京)	U-22日本0-0 U-22サウジアラビア 日本の北京オリンピック出場が決定

観戦料を払うに値する試合を！［'07 5／3］

今、オリンピック代表戦の観客数が少ない、という話が話題になっています。それで、サッカー協会は北京オリンピックのアジア2次予選、対マレーシア戦（6月6日、東京・国立）のチケットを安くすると言って下げましたが、どうして値段を下げなくちゃならなくなったのかをキチンと考えているのでしょうか。ただ消化試合でお客さんが入らないから下げた、だけじゃあ何も変わりません。

お客さんはスターを見に来ます。スターとは活躍する人。オリンピック代表で今、ひとりひとりがJリーグで本当にチームの中心になっているのかっていうと、なっているとは言えません。確かに家長（昭博）はいい選手だけど、結局マグノアウベスなんかのお膳立てをするだけ。チームのナンバー1にはなっていません。以前はいましたよね。小野（伸二）とか、高原（直泰）とか。今のオリンピック代表の選手でA代表レギュラーの選手はひとりもいません。

何千万、何億円を出すスポンサーの評価はもっと純粋です。フィギュアスケートの安藤美姫ちゃんも浅田真央ちゃんも勝たなかったらスポンサーからお金を出してもらうのは無理。ゴルフの宮里藍ちゃんにしても、勝っているから名前を覚えられるんです。例えばＣＭは好感度の世界。今、サッカーのオリンピック代表から誰を使おうかってなったとすると、誰が候補に出ますか？

企業がどこもお金を出さないところに、お客さんが何千円ものお金を出してチケットを買うはずがありません。サッカー協会はチームに魅力がなくても何とかしてお客さんを入れようとする、興行的な感覚が強くなっているように見受けられます。

安くしないといけないのは、マレーシア戦のオリンピック代表だけじゃありません。下げるんだったら、メンバーが揃っていない日本代表の試合も値段を下げないと。海外組が帰ってこないなら、安くしなくちゃいけません。15人しかいないペルー代表に他の試合と同じ入場料を払わないといけないのもおかしい。ちゃんとしたメンバーで戦えない試合、ちゃんとしたスター選手が来ないときはそれなりの値段設定にするのが筋でしょう。

オリンピック代表は若手だからまだスターがいないっていうのは理由になりません。海外を見たら、ウェイン・ルーニーとかクリスティアーノ・ロナウドなどの若いスターがいる

し、育っています。

なのに日本のサッカー協会には危機感がない。A代表についてはオシム監督を「ブランド」にしたからつながっているけど、オシム監督が「ブランド」でなくなったらA代表ももっとお客さんが来なくなっちゃう。視聴率も落ちているし、普通なら深刻な問題（'07年3月24日のキリンカップ日本対ペルーの視聴率は13・7％。ジーコジャパン時の例を挙げると、'03年11月19日のキリンカップ日本対カメルーンの視聴率は18・5％）。それなのに、対処する会議を行っているとも聞きません。

Jリーグの100年構想は15年で興行が優先されるようになったかな。もう一回アマチュアからプロへ、というJリーグを作るときのような気持ちを持ちながら、みんなで考えるべきだと思います。

Jリーグのチーム増加は「吉」なのか［'07 5／20］

先日、日本サッカー協会はキリンカップのチケットの売れ行きが伸び悩んでいるという発表をしました。先にオリンピック代表の話もしたけれど、A代表も人気が落ちてきているようです。

その原因のひとつかもしれないと思うのが、日本のサッカーは普及活動が全然できていないということ。確かに昔に比べたら競技人口は増えたかもしれません。でもいくら競技人口が増えても、構造的なものを変えなければキチンとした普及、強化までつながりません。ボクは日本サッカー協会が登録制度を変えないかぎり意味がないと思うんです。

ボクは日本に来て35年になります。北海道から沖縄まで各地で普及活動をしてきたけれど、ふたを開けてみれば、競技人口は増えたということは〝補欠〟を増やしただけ。つまり30人のサッカー部が100人になっただけということでした。高校サッカーを見ていたら、スタンドで応援している、ベンチに入れないサッカー部員の数が以前に比べてすごく増えたと感じます。公式戦に出られない選手の数ばかり増やしてしまいました。

その原因は1校からは1チームしか出られないという「制度」にあると思うんです。あと、登録がダブるから学校かクラブのどちらかひとつで登録しなければならない、という変な理由が、発展することを阻んでいるんじゃないかなと。

たとえば広島県の吉田高校に通っている、サンフレッチェ広島ユースの子がなぜ高校サッ

カーの大会に出たらいけないのか？　彼らは高校生でもあるのに、正月の高校サッカー選手権は出場しないでテレビで見ているんです。本来なら吉田高校の選手として出られるはず。両立するには体力的な問題、意欲も関係してくると思いますが、制度でそれを阻む必要があるのか。彼らが通っている高校なんだから、出ること自体は可能でしょう。

制度を変えて今より多くの選手が公式戦に出るチャンスが与えられれば、日本サッカー全体のレベルも上がっていくと思うし、人気ももっと出るのではないでしょうか。

ただ人数を増やすだけでなく、同時にレベルも上げることが本当の普及です。サッカー協会としては選手の登録票の数が増えたから喜んでいるかもしれませんが、それは言ってしまえばサッカー協会の収入が増えただけ。実際、公式戦を経験できる選手数が変わらなければ、日本サッカーの「底上げ」はできません。今の構造では、本当の普及とは言えないことを知ってほしいですね。

現代の日本では子供の数が減っています。サッカーをする子の割合もJリーグ創設時ほど増えていないのもうなずけます。正直Jリーグの果たすべき役割も変わってきました。中田（英寿）や小野（伸二）らの世代はJリーグを見て、「その場所」に憧れていたんです。当時はサッカーバブルということもあり、お金も使って子供たちにかなり夢を持たせていたでしょう。ボクから見てもすごく楽しみがありました。ジーコはじめ、リネカー、リトバルスキー、そのあとにもジョルジーニョにレオナルド、エムボマなどのスター選手がいっぱい来て。子供たちにも刺激があったと思います。

今はどうでしょう？　J1のチーム数が10チームから12、16、18と増えてどうなったか？　レベルが〝薄く〟なった。ちょっとうまければ、すぐにJ1の試合に出られるようになってしまった。その国のトップリーグで安易にチーム数、試合数を増やしたら、レベルの下がった試合が増えるのは当然ですよね。

日本のプロ野球にしたって、今の12チームが18チームになったら見ていられない試合が増えると思います。逆にもしも今J1を12チームにしたらどうなるか？　順位からいえばジェフ千葉やFC東京だって落ちてしまいます。

そして、18チームからレベルの高い選手たちが12チームの中にギュッと集まる。絶対に試合レベルは上がる。カズ（三浦知良）やゴン（中山雅史）でも〝席〟がない。20、24チームにしたらずっとプレーできるでしょうけど。興行的にはそのほうがいいかもしれませんが、レベルはやっぱり落ちる。今なら、セリエB（イタリア2部）のチームが来たらJ1で優勝してしまうかもしれません。

ボクが育ったブラジルだって多くのチームはあります。でも〝補欠〟というものがいない。プロ契約するまでプレイヤーは複数のクラブを掛け持ちして、とにかく実戦で実力を伸ばしていきます。子供のときから日本よりずっと多くの選手が、試合でプレーしてきているから全体のレベルが高いんです。今の運営状況を考えるとJリーグに飛び抜けた外国人は来ていないと思いますが、それでも外国人選手が目立ってしまうリーグになってしまいましたね。

世界の強豪を本気で目指すのなら甘えは禁物［'07 6／10］

日本代表がキリンカップで3年ぶりに優勝しました。でも2戦とも〝評価〟するには難しい試合でしたね。まずモンテネグロはそんなに強いチームではなかった。7月にコパ・アメリカ（南米選手権）を控えているコロンビアのように、近いうちに大きな大会があるわけでもなかったですし。

初戦、6月1日の対モンテネグロ戦（2－0で勝利）は、セットプレーからの中澤（佑二）のゴールと高原（直泰）の得点はコンビネーションも個人の動きの質も高い、とても内容の良い評価されるべきゴール。でも「どのチームから得点を奪ったのか」ということは考えなくてはいけません。続く5日の2戦目、コロンビア戦は対戦相手のサッカーの質が高くなったら、コンビネーションも個人技もうまくいかないことが裏付けられちゃいました。

ドイツワールドカップでどうして日本は世界に通じなかったのか、どうして勝てなかったのかということをオシム監督が形にしてくれることをみんなは期待しています。モンテネグロが強いチームだと認めるならば、日本はすごく成長したということになります。でも現実は違う。

実力で劣るイエメン戦とかアジアカップ予選の試合まで合わせて通算何勝何敗と報道しますが、どんな相手とどんな目的で戦っているかということを分析しなかったら意味がありません。メディアから発信された間違った評価のマンネリ化が、日本のサッカーが世界の強豪になる道を遠回りさせているように見えます。

対戦相手のコロンビアはキリンカップに優勝するためには勝たなければいけませんでし

た。だから試合開始からガンガン来た。日本は優勝するためには引き分けでいい、という試合をして実際に引き分けた。でもたとえば一発勝負で決まる試合であれば、日本はカウンター狙いのサッカーはできなかったはず。また逆の立場で勝つしかなかったら、どういう結果になっていたかというところまで考えてみないといけません。

そもそもキリンカップは〝ホーム〟の大会。相手は時差がある中で移動してきて、中1日で試合しています。後半になってコロンビアが疲れたのは当然。だから日本が一生懸命ボールを追いかけた、動き回ったという見方をする人が多いけれども、それは相手の足が止まったからそう見えたとも言えます。

それに日本は点を取ったか、勝てたか、というと違う。レベル的にもサッカーとしても明らかに相手のほうが良かった。日本はシステマティックすぎて、たとえば稲本（潤一）が決められたことと少しでも違うことをやればベンチから怒られるし、型にはまったサッカーをしていただけになってしまいました。

1対1も体の張り方も相手のほうが強かった。コロンビアはたしかに強豪ですが、南米では4、5番手のチーム。ドイツワールドカップには出場できなかったチーム。それなのに、みんな〝強い〟コロンビアと引き分けて、たいしたもんだと言う。そういう言葉が自然と出てきたとしたら、日本は選手もマスコミもまだ「世界標準の視点」になれていないんだ、ということになります。

はっきり言って日本はドイツワールドカップの頃から進歩しているとは言いがたい。最近になって中田（浩二）や稲本、楢﨑（正剛）といったドイツ組がまた呼ばれだしました。オシム監督が就任してから発掘した選手って鈴木啓太くらい。こういう状況を見ると、ドイツワールドカップから成長したという根拠はどこにもありません。

今回のキリンカップで、オリンピック世代で先発した選手はゼロ。このチームがスタートしてからもうすぐ1年経つのに、新しい選手を発掘できていない。看板選手が出てきていない。ちょっと前までオリンピック代表やU－20などで「谷間の世代」と言われてきた状況そのままに、まさしく空白の時代が来てしまいます。

U－20もツーロン国際大会でフランスに1－5で惨敗した。そしてキリンカップでの2試合で明日がないことが見えた。強化的なビジョンもゼロ。日本の強化を本気で考えるなら看過していいものではありません。

'00年、'04年大会と連覇し王者として迎える来月のアジアカップは本来、優勝しないといけない大会。ブラジルやアルゼンチンはコパ・アメリカで優勝しなかったら監督はクビになる可能性が大。アジア王者が今誰かと考えたら、日本はアジアでならば優勝しないといけない。

2大会続けて優勝して、今回負けたらどうするんだ、ぐらい言いたい。厳しいでしょうか？　でも、そういう厳しさの中でやることが、世界の厳しさの中に入っていくことにつながるんです。選手もメディアもコロンビアに引き分けるだけでたいしたものだと思っていると、日本の描く将来像に矛盾が生じるし、既に生じてしまっていると戒めたほうがいいでしょう。

アジアカップのノルマは「優勝」が妥当〔'07　6／30〕

7月7日からいよいよアジアカップ（ベトナムなど4ヵ国共催、日本の初戦は7月9日のカタール戦）が始まります。ワールドカップと比較するからか、みんな大会のどこを見ればいいかと聞いてくるけど、ボクはこんなに魅力のある大会はないと思っています。なぜか？

それは優勝しかないから。日本代表にとってノルマは優勝のみ。昨年ドイツワールドカップで負けて、今回も負けたらサッカー協会の幹部の人も監督にも責任を取ってもらわなければならない。

それにみんな忘れていませんか、アジアカップはコンフェデレーションズカップ（ワールドカップ前年に開催地で行われるプレ大会。各地域大会の優勝国が招かれる）の予選だということを。それも1位にならなければ行けない厳しさ。この予選に比べたら、アジアから4～5チームも行けるワールドカップ予選はまだ甘いくらいだととらえることもできます。

日本代表はアジアカップで2大会連続優勝して、ワールドカップでも'98年、'02年と成績を伸ばして、それなのにドイツで惨敗しました。ドイツでのグループリーグ敗退の後遺症は大きかった。日本でのサッカー人気が落ちたし、サッカー界にとって経済的なダメージもあったでしょう。本来なら関係者の責任問題。それでも同じような体制を続けてきたのならば、ドイツで負けた分も含めてこのアジアカップで勝って全て清算しなければいけません。

だからサッカー協会の幹部も認識してほしい。今回は内容じゃない。勝たなければいけない。今回勝てなかったら、日本のサッカー界はとんでもない落とし穴に落ちていくということを考えてほしい。

だからノルマは優勝。メディアも評論家もみんなオシム監督のことをスゴイ、スゴイと言っています。スゴイ監督ならばノルマを設定しないほうが失礼です。体制、戦力が整ったら優勝目指せばいいと言う声もあるみたいだけど、公式大会で結果を求めなかったら、いつ求めればいいのでしょう？　オシム監督より監督としてのキャリアのないフィリップ・トルシエやジーコがアジアカップで優勝しているのに、なんでみんなオシムに優勝を求めないのでしょうか？　監督の評価を決めるのはワールドカップとワールドカップ予選とアジアカップしかない。ここでノルマを求めなかったら、「オシムはジーコやトルシエより下の監督」と日本が見ている、ということになっちゃいます。

ドイツワールドカップで惨敗したことで、サッカー協会の幹部たちは弱腰になっているのかもしれません。だから勝たなくてもいいと言う。でも現実問題、もしコンフェデに行けなかったら日本サッカー界にとっては大損害です。'01年、'03年、'05年とワールドカップの前年にコンフェデがありました。だから日本が世界と戦う姿を見ていられました。

勝たなければコンフェデに行けない試合って、魅力があるし見たいと思わせてくれます。

あとオリンピック予選も1位しか北京に出られない。今年は勝つしかない大会ばかり。見るほうはしびれます。

それにアジアカップの決勝が参議院選挙の投票日と同じ7月29日。日本のサッカーと自民党がどうなるか。サッカーも選挙も同じです。自民党が選挙で負けたら、総理の責任問題でしょう。それと一緒でサッカーも負けたらサッカーのトップの責任問題。日本代表にとっても今回がラストチャンスです。

ちょうどワールドカップから1年経ったことだし、これまでのマイナスをここで一気にプラスにしてもらいたい。日本代表と安倍（晋三）総理（※'07年6月当時）も、互いに勝って残るというのはおもしろいでしょう。こういう目線でも見てみたい。

本当の意味で、勝つか負けるかの厳しさがあるからスリルがあるのであって、その中で結果を出すことがレベルアップにつながるんです。ボクは監督に3連覇を求めているわけじゃない。今回の優勝を求めているだけ。これまでの2回は違う監督が優勝したことだから。でもそれは決して難しい宿題じゃない、決して。

勝つか負けるかで評価はきっちり下すべき［'07 7／10］

アジアカップが7日に開幕しました。ボクは日本代表のオシム監督の監督としての腕、評価を今大会で判断できると思っている。だから彼がどういう結果を出すか、ということにとても注目しています。

日本代表は昨年のドイツワールドカップで予選リーグ敗退。'98年、'02年と上昇曲線を描いていた成績が止まった。今サッカー人気も下りかけている。たとえ話になりますが、材料が悪くておいしい料理を作れないお店にお客さんが行かないように、誰も日本代表の試合を見に来なくなる。だから1年前に〝すごいコックさん〟＝オシム監督に来てもらった。マスコミや関係者の話によると、今回のコックさんは材料が悪くてもいい料理を作ると大評判。体制、戦力が整ったら優勝を目指せばいいと言う変な声も挙がっていますが、それは言い訳にしかならないでしょう。日本サッカーのこれからを考えても、結果は絶対に出してもらわないといけない。

ボクがあるお寿司屋さんに遅い時間に行ったとき、もうネタがなかった。すみませんね、って言ったら職人さんに「ここからが腕の見せ所なんですよ」って言われたことがあります。そして「ネタが揃っていたら誰でも握れますから」とも言われました。

料理を作るのも、サッカーの監督もプロとして姿勢は同じでしょう。同じ魚に上手く手を加えて、うまく食べさせるのがプロの腕。つまり、選手の質が変わらなくても勝たせるのが監督の仕事。もし、今大会で勝つことができないのだったらオシム監督の腕は……ということになります。

オシム監督はジェフ千葉を強くしました。同様に、アジアであれば日本代表を優勝させることができるはずです。でも、すごい監督が指導していたジェフが監督が代わってからあっと言う間に勝てなくなったのはなぜなんでしょう？　息子のアマル監督に監督としての力が足りないからでしょうか。

ボクはオシム監督がジェフの監督をしていたとき、本当に監督の腕だけが良くて強くなったのか、疑問に思っている部分もあります。もしかしたらジェフの選手が有能だったから良い成績を残せていたのかもしれないでしょう。

そう思う理由のひとつは、'03年にはクラブに3人いた外国人選手が今はいないという現実。オシム監督がジェフで采配をとっていたときには、輸入していた極上の〝マグロ〟がありました。ジェフが3位になった'03年はFW崔龍洙、DFミリノビッチ、FWサンドロと助っ人選手が揃っていた。それが今はDFストヤノフも放出が決まり、助っ人がいなくなってしまいました。

オシム監督がジェフで良い成績を残していたときには外国人3人を使っていました。でも今のジェフは全然使っていません。だから勝てない。そう考えると本当にオシム監督の腕が良かっただけなのか、という考え方もできます。

我々が彼の監督としての実力を試すためには、アジアカップで優勝してもらうしかない。彼に望むのは優勝しかない。勝ったら〝オシムってすごい〟ってなる。でも負けても〝オシムってすごい〟を続ける根拠はない。日本のサッカー界は危機感を持って次のワールドカップに向かっていかなくてはいけません。だからここでオシム監督の審判をフェアーにしなければいけません。ジーコで大丈夫だ、と言ってワールドカップで惨敗した失敗を再び繰り返してはいけません。

'04年のアジアカップは優勝したから喜んだでしょう。ヨルダン戦、バーレーン戦などギリギリの勝利だったけど勝ったから喜べました。もし内容が良くても、負けてコンフェデに行けてなかったらいいことは何もなかった。勝ったから良かった。

'06年のワールドカップも同じです。優勝国のイタリアについて、内容が良かったと言えますか？　でも結果を出したんです。内容的にはものすごくプアでした。守って守って。でも勝ったからヒーローになった。ワールドカップの目標ってなんだと言ったら、内容じゃなくて結果。負ければ日本のサッカーがどこまでも落ち込んでしまうというターニングポイントになる大会が今回のアジアカップ。オシム監督にとっても歴史に残るチャンスです。勝ったら日本のサッカーを将来につないでくれた、となる。そうなることを望んでいます。

日本の戦いは決勝トーナメントから［'07　7／20］

アジアカップで日本はグループリーグを2勝1分の1位で通過しました。でも1位というのは当然の結果。むしろ、レベルで下回るベトナムと1位を争ってしまったということが問題。それまでに2連勝していれば最終戦の前に決勝トーナメント進出は決まっていたはずです。

あとベトナム戦は相手GKのレベル、ひとりひとりの実力差を考えても、4―1というスコアは得点が少なすぎたくらい。ガルフカップ（'07年1月開催）で優勝していたUAEにしても、今回は若手の選手を試していたという感じで脅威ではなかった。だから1位という結果は妥当でしょう。やはり、アジアの予選レベルでは、波乱はない。だからベトナムに快勝したからってメディアもサポーターも「強い」と決めつけるのは早計だと、ボクは思います。

今大会のグループリーグで日本の力はまだ全然試されていません。特に守備面ではカタール、UAEにしてもカウンターだけでした。相手がパワープレーに来たときの守備をしていないし、高さへの対策も試す場面がなかった。攻撃も格下の相手に得点できているだけ。（中村）俊輔や遠藤（保仁）が決勝トーナメントの戦いでグループリーグのようにゴールに近い位置でボールをキープできるかはまだ未知数です。

これまでは試合中、ほとんど自由にボール回しができていましたが、決勝トーナメント以降はどの時点でどうつなぐのか、タイミングが重要になります。相手の守備だって厳しくなってくるでしょう。

逆にグループリーグ3試合全部で得点されたし、ほとんど同じメンバーで戦ってきているからCBなど控えの選手層が不安です。選手交替した後はまだ1点も取れていない。攻撃の選手を入れて取りにいっているにもかかわらず得点できていないのなら、オシム監督の狙い通りにいっていないということじゃないでしょうか。

7月21日から始まる決勝トーナメントは間違いなく根比べになります。準々決勝で戦うオーストラリアにしてもイランやサウジアラビアにしても互いに情報が分かっているから、いいところの「消しあい」になる。その中で相手に勝るものを出していかないといけない。ただ、オーストラリアと試合ができるのは両方の1年間を比較できるから興味深い。昨年のワールドカップから相手も日本と同じくらいのメンバーが残っています。どっちがより実力を積み上げたかが分かります。

コパ・アメリカ（南米選手権）では結局ブラジルが優勝。やはり大陸の大会は強いところが勝っています。欧州選手権でギリシャが勝つような波乱がたまにあっても、勝つのは本当に強いところ。大きな波乱はない。日本のノルマは優勝だけ。今結果を求めなければ、貴重な公式大会の場が練習試合と同じになってしまいますよ。

敗戦を糧にしないで進歩はない［'07　7／30］

'06年7月にオシム監督が就任してから初めての大きな公式大会だったアジアカップで、日本は準決勝でサウジアラビアに、3位決定戦で韓国に連敗し4位に終わりました。過去2大会は優勝だったにもかかわらず、です。この結果が出て、日本サッカーを本当に変えないといけないときが来たと思います。

アジアでサウジアラビア、韓国と2敗して4位というのは今の日本にとって最悪の結果。日本サッカー協会は惨敗した'06年ワールドカップの清算をしなければいけませんでしたが、叶いませんでした。次のコンフェデレーションズカップ（'09年）にも出られないし、日本サッカーにとってのダメージはものすごく大きい。

負けたらトップが責任を取る。それがプロの世界。だから今回原因を作った日本サッカー協会の人たちはけじめをつけなければいけない。それがプロの世界。

ディフェンディングチャンピオンが4位だったら、南米なら間違いなく監督はクビです。実質日本が勝ったのは世界的には一流とはいえないUAEとベトナムだけ。攻撃の形ができたからといって、得点に結びつけていたわけでもない。

オーストラリア戦や韓国戦は相手が10人になったんだからチャンスを作れるのは当たり前です。それよりほとんどの時間で日本のほうが人数が多かったのに、90分で勝てない、延長戦でも点が取れない。あと選手交替の後には大会を通して結局1点も取れなかった。つまり、機能しなかった。

メンバーだって川口（能活）、中澤（佑二）、高原（直泰）とドイツワールドカップから何も変わらなかった。チームとしてはアジアでの順位を下げて、1年前からさらに悪くなっている、と言いたくなくても言わざるを得ないでしょう。

そもそも大会が始まる前に日本サッカー協会の田島幸三専務理事が「結果より内容」とか言っていました。草サッカーなら「いい試合したなぁ」で満足してもいいと思います。でも国・地域の代表が行う勝負の世界は違うと思う。韓国は決勝トーナメントで1点も取らないで、全てPK戦で勝ち上がるという中身のないプアなサッカーしかしなかった。それでも3位になりました。日本にもPK戦で勝って。

評価を決めるのは結果。それが勝負の世界。韓国はピム監督が辞任を表明しつつ、日本戦は責任を懸けて勝とうとしていました。それぐらい韓国は必死でした。対して日本は同じような厳しさをもって試合に臨んでいたと言えるでしょうか。

結果を見れば……前回優勝しているジーコのままでも良かった、となる。代わって悪くなった、となる。昨年、ドイツワールドカップから帰国した直後に日本代表監督を慌てて決めた結果が今。4位という責任を取って、トップを含めた体制を変えるなら今。今ならば負けたという理由がありますし、変えやすい。逆にここで変わらなかったら問題です。

現場監督だけに責任を取らせるんじゃなくて、組織全体で責任を分かちあわなければいけない。それがけじめでしょう。

昨年のワールドカップに続き、今回のアジアカップも負けたということは日本サッカーの危機です。でもここで負けたことで組織全体の見直しができます。スターが誕生しない、若手が伸びてこない空白の時代を見直すことができます。

マイナスなことばかり言ってもいられません。これからの未来にとっては、負けて良かったのかもしれない。そう後で振り返られるような動きを見せてほしいですね。

北京オリンピック最終予選へ――「危機感」と「不安」は違う［'07 8／20］

8月22日からは、いよいよ北京オリンピックへ向けた最終予選が始まります。ベトナムに対してすごく警戒しているような空気を感じますが、いくらなんでも警戒しすぎなんじゃないでしょうか。

ベトナムはワールドカップではアジアのワールドカップ最終予選に進出したことはないし、世界はおろかアジアでも実績のないチーム。新進気鋭とはいえ、そこまで警戒するほど日本のサッカーが落ち込んでいるってことなのでしょうか。

ボクはオリンピックに行けるか行けないか、という議論はいいけれども、「初戦、大丈夫か」と言うのには、違和感があります。日本のサッカーへの不安が現れているように思うんです。

今月行われた4ヵ国トーナメントで日本は3試合のうち2試合が無得点で3位に終わりました。オールスターというイベントで選手を招集できなかったことは、この結果の悪さの言い訳になりません。

でも、なぜ日本サッカー協会は選手の調整などをしなかったんでしょう。最終予選前の大事な準備期間なのに、時間はあったのにそのときに問題を解決せず、今頃になって慌ててしまう。勝つための対策というか、危機感が明らかに欠けている感じが世論へと伝染してしまった気がします。アジアカップがそうであったように、オリンピック予選の戦いという真剣勝負は甘くはないですから。

心配なのは、オリンピック代表は反町（康治）監督になってから勝てないチームになってきていることです。ここでいう「勝てない」とは1試合ごとではなくタイトルが取れない、という意味です。

アジア競技大会（ドーハ）も負けたし、4ヵ国トーナメントもそう。このチームにはタイトルがないんです。アジアカップのような大会で「結果より内容」と言っていると、選手は「ああ、そうか」となっちゃう。

アジアカップでもそんな雰囲気がなかったとは言い切れません。チームに活気がなくなってしまう。勝ちに行こうとしていない。オリンピック代表にもA代表と同じく、これまで厳しさが足りなかったんじゃないか？　と思っちゃいますね。

そもそも反町さんは日本代表のコーチなのか、オリンピック代表の監督なのか、どっちなんでしょう。オリンピック最終予選の準備を直前までしないでアジアカップに帯同していましたが、その割にはアジアカップも途中で帰国しています。帰るのであれば、最初からオリンピック代表の合宿をしておけばいいのに。そんな準備で大丈夫かっていうと、これはもう負けて当たり前の状況。言い訳も与えてしまう。これは勝つための準備じゃありません。

オリンピック最終予選の相手はベトナムとカタールとサウジアラビア。アジアカップでA代表が戦った同じ相手と日本は戦います。A代表はこの3チームに対して1勝1分1敗。カタールと引き分けて、ベトナムに勝って、サウジアラビアに負け。でも、これじゃグループ1位にはなれません。

そういう意味ではオリンピック代表はA代表の成績を越えないといけません。サウジアラビア、カタールとのアウェー戦は最終予選中盤までで終わるし、スケジュールの上では日本は恵まれていると思います。でもそのアウェーで連敗したら終わり。オリンピックに行けなかったら日本サッカーは本当にどん底に落ちます。

ボクがとにかく徹底してほしいことは、負けたら誰の責任なのかを明確にしてほしいということ。だって明らかに準備ができていない。監督？　チームスタッフ？　強化委員会？　問題の箇所を明確にすることはもちろん、負けたら彼らは当然総辞職。そのくらいの責任を持ってやらないと今の負のスパイラルは変えられません。

男子代表にはなく、女子代表にはあるもの［'07　9／10］

オリンピック最終予選で日本はアウェーでサウジアラビアと0－0で引き分け。同じ組のカタールがサウジアラビアに1－0で勝っていることもあって混戦になってきました。

日本はベトナムとの初戦で1点しか取れなかったことで、得失点差の争いになったときに苦しい状況になるかもしれません。やはりオリンピック予選は甘くない。昨年のワールドカップでグループリーグ敗退、アジアカップも4位に終わり、北京オリンピックにも行けないとなると日本サッカーはどこまでも落ちてしまいます。

でも谷間の世代と言われている彼らがこの苦しい状況で勝ってオリンピックに行くと、大きなニュースになるでしょう。だからやってもらうしかありません。今後のことを考えると、カタールには勝ち点を与えるわけにはいかない。つまり勝つしかない。

フル代表はオーストリアと戦って0－0で引き分けたけど（PK戦では負け）、今回は親善試合、といえどもアウェーでの経験はどんどん積んでいってほしいですね。男子の各代表チームが試合を行っていますが、今ボクが注目していることは10日に始まる女子のワールドカップ（中国）。

日本の女子は5回目のワールドカップ出場で、今回はグループリーグでイングランド、アルゼンチン、ドイツと対戦します。'91年に行われた第1回から出場しているから、ワールドカップ出場歴は男子よりも古いし、'95年にはベスト8まで行っています。

ただ、男子にとって世界に出るためのライバルとなるサウジアラビアやイランといった中東勢が女子では出場していないので、男子と比べるとアジアを突破する条件が「楽」ということはあるかもしれません。アジアから世界大会に出る顔ぶれも中国と北朝鮮と日本で、たまに韓国が来るぐらい（'07年からワールドカップアジア予選にオーストラリアも加入）。

だけど男子の代表は女子から見習わないといけないことがあります。それは彼女らが「ハングリー」だということ。

日本の女子サッカーは条件的に恵まれていません。なでしこリーグの選手だけじゃなく、日本代表選手でさえもほとんどがサッカーをしながら他の仕事をしています。ボクが行ったことがある岡山県美作市の岡山湯郷Ｂｅｌｌｅでも午後の練習前にみんな美作市役所や旅館、ホテルなどで仕事をしていました。日本女子代表のエースストライカーのＦＷ荒川（恵理子）がスーパーでレジ打ちをしているというのは有名な話。頑張らないとやっていけない厳しい環境の中、余裕がなくてもやるんだという、熱意がすごく伝わってきます。

だからサッカーに対しても執念が違うし、価値観そのものが違う感じがするんです。結果を残さないと自分自身サッカーができなくなるのは当然。代表チームとしても、結果を出さないとスポンサーが離れていって女子サッカー自体のニーズもなくなってしまうという危機感。その中で、みんなで歴史を築き上げながら発展させてきています。

それに比べると代表選手全員がプロの男子には、サッカーにだけ打ち込める環境があるし、Ｊリーグにしても金銭的に恵まれている。男子は環境面で恵まれてしまっていることで、それが甘えにつながってしまっている面があるのではないでしょうか。

アジアカップを見ていても苦しいときに頑張るということを感じられる選手はわずかでした。厳しい環境を乗り越えようとしている女子をもっと見習うべきというのは、勝負どころでこそ普段の心構えが試されるからです。

1勝2敗でグループリーグで負けたU－17も含めて男子サッカーが苦戦している今こそ、日の丸をつける女子にアピールしてもらいたいですね。直前の親善試合でブラジルに勝って、カナダとは引き分け、強豪との試合を経て順調といえる調整をやっています。

ワールドカップでも上のほうまで勝っていってほしい。理由もあります。日本の女子サッカーは注目度が他の女子スポーツよりも低い。女子柔道がオリンピックでメダルを取ったときなどはテレビや新聞で盛んに報道がされています。またワールドカップや世界選手権がいつもゴールデンタイムでテレビ放映されるバレーボールと比べたら、女子サッカーの報道は少ないと認めざるを得ない。

だから、ぜひ一回結果を出して世間の注目を集めてほしいですね。

将来を見据えれば、現状ではいけないことが見えてくる［'07 9／20］

北京オリンピックアジア最終予選、アウェーのサウジアラビア戦とホームで行われたカタール戦の2試合を1勝1分で日本は首位に立ちました。日本が3試合で2点しか取れずに苦戦している一方、サウジアラビアとカタールが力の劣ると思われたベトナムとともに引き分け。周りが勝手にもつれてくれているという幸運なところもあります。でも予選というのは内容より結果、勝ち点を取って首位に立ったということの結果は大きい。

ホームゲームを2試合残しているカタールとの一騎打ちになりそうですが、10月17日のカタールとのアウェー戦か、11月のベトナムとのアウェー戦でしっかり勝ち点を取れれば大丈夫だろうと、ボクは思っています。

オリンピック代表は内容では苦戦を強いられていますが、これは仕方ない面もあります。U－17で世界大会を経験できず、U－20ワールドカップでも世界で1勝もできずに、苦戦してきた世代が劇的に強くなるという可能性は低いということを冷静に判断しなければなりません。

あと、日本では多くの人が「19～20歳の時点で目立つ選手が年をとればさらにうまくなる」とまだ勘違いしています。Jリーグのできるずっと前から、そこそこの選手でも「いつか化ける」と期待しちゃうんですね。

でも年をとったからといって日本代表で活躍したり、世界的な選手になるだろうという考えは、はっきり言って世界では主流ではないんです。世界では19～20歳で芽の出ない選手は、全く期待しない。

ブラジル代表のロナウジーニョにしても、ポルトガル代表のクリスティアーノ・ロナウドにしても10代の頃から代表で活躍しています。イタリアもイングランドも10代の選手がレベルの高い国内リーグで台頭してきています。

U－20などの世代からの押し上げがあれば明かりが見えてくるんだけど、今の日本にそれがあるかどうか。日本にその押し上げがあったのは、中田英寿や城彰二のアトランタ世代と中村俊輔や小野伸二がいたシドニー世代まででしょう。

アテネオリンピック代表で、今もA代表でしっかり活躍しているのといえば、帰化してきた（田中マルクス）闘莉王くらい。残念ながら現オリンピック代表でもA代表のレギュラーはひとりもいないし、7月にあったU－20ワールドカップから化けた選手も見当たらない。

日本は高校1年生のサッカー部員が3年生の引退を待って出場機会を得るような社会。ひとつの高校もしくはクラブどちらかしかできない登録制度や、高校世代だけで行われているプリンスリーグには改革が必要でしょう。

下の世代がもっと経験を積めるような、もっと突き上げて出てくるシステムがないと現状は変わりません。上がいなくなって順番で代表に入っていては世界に遅れをとります。オリンピック代表が予選を突破して、来年北京オリンピックに出場する可能性は高くなったかもしれません。でも将来的な可能性が今のオリンピック代表からは見えるでしょうか。メディアが期待を寄せているデカモリシ（森島康仁）にしてもJ2で何点取っていますか？（今季5得点）。フッキやパウリーニョと得点王争いするくらい突き抜けているわけじゃありません。今のままじゃ、南アフリカでのワールドカップやその次のワールドカップの光明は見えてこないでしょう。

Jクラブの強化方針の現状打破が代表レベルを上げる［'07 10／10］

J1は残り6試合。残留争いも激しくなってきました。順位的には18位の横浜FC、17位の大宮アルディージャ、16位・ヴァンフォーレ甲府が厳しい状況に。毎年のことですが、下位クラブが常に抱えているのは財政的な問題です。

予算の少ないクラブが厳しい戦いを強いられるのは世界のどこも同じ。人口25万人ほどの街のメッシーナ（イタリア）がセリエAで優勝することはないでしょうし、スペインリーグでカナリア諸島のテネリフェやラス・パルマスが優勝することもないでしょう。イタリアではナポリが'89－'90年シーズンに相当なお金を使って優勝しましたが、裕福でないクラブが金銭をつぎ込んだことでかえってその後の経営が傾いてしまいました。

ボクは財政的な土台があって、強化もできるところが各国・地域を代表する名門クラブになっていると見ています。ACミラン（イタリア）、R・マドリー（スペイン）、マンチェスター・U（イングランド）やバイエルン・ミュンヘン（ドイツ）など、資金的にも安定しているところが名門として各国のリーグを常にリードしている。その他はチェルシー（イングランド）のようにそれに近づこうとするところと、もうあきらめているところに二分されるのが現実。

日本でも大企業がついていない、あるいは親会社がサッカーにお金を使っていないクラブは、ほとんどがJ2に落ちるかどうかのぎりぎりで苦しい戦いを強いられてしまいます。'06年の選手・スタッフの人件費を見たら横浜FCや甲府は浦和の4分の1に満たないですし、大宮も半分以下（編集部注：'06年の人件費は浦和レッズが24・9億円、横浜FCは5・

2億円、甲府は5・5億円、大宮は12・4億円）。財力のないクラブは給料の高い一流選手を補強できないから、戦力も上がりません。

J2からJ1へ上がってもJ1で1シーズン戦うのが精一杯。今だったら、もしコンサドーレ札幌がJ1に上がっても、メインスポンサーの石屋製菓がいつまでお金を出してくれるかはまた別問題です。

そういう意味ではJリーグはお金を出してくれる企業のスポーツであって地域のそれではない。トヨタ自動車（名古屋グランパスエイト）や日産自動車（横浜F・マリノス）、松下電器産業（当時）（ガンバ大阪）など大企業からでないと安定したバックアップを受けられない。

それでは野球と一緒になってしまいます。Jリーグは'93年の発足当初から野球と違った地域中心のクラブを作りたかったけど、バブルが崩壊して作れませんでした。企業は赤字になったら、サラリーの高い選手を切る。鹿島アントラーズやジュビロ磐田とかは、若手に切り替えたというより高い選手を切っただけ。戦力補強という概念通り選手を獲得しているのは、浦和などほんの一部のクラブだけです。残念だけどそれが現状なんです。

結果として多くのクラブが消極的にならざるを得ない。消極的なクラブばかりのリーグが他の国や地域よりも盛り上がる、ということは考えにくいですよね。

欧州や南米の弱いクラブは選手を育てて、〝売って〟財源を作ります。でも日本は違う。日本の弱いところはベテランを取ってJ2で優勝して勘違いをしてしまう。たとえば東京Vは今年、名波（浩）とか服部（年宏）を補強してJ1に上がっても、横浜FCと同じミスをするでしょう。つまり、若手で成り立つだけの戦力があれば別だけど、中途半端な戦力で勝っても長期的な視野ではクラブの力は変わりません。

今年の東京Vだけじゃなく、ほとんどのクラブが同じミスを繰り返しています。だから上がってもすぐ落ちることを繰り返してしまう。Jリーグのレベルもそれじゃあ一向に上がりません。

問題はJリーグのシステムにもあります。J1はチーム数が18もあることで中途半端な戦力でも上がれてしまうし、本来出られないような選手たちでもJ1でプレーできてしまいます。もしチーム数が14になれば日本代表候補でも出られるかどうか分からなくなる。そしたら彼らも必死になる。結果、日本代表のレベルだって間違いなく上がる。そしてクラブ間の競争も激しくなって、下位のチームの顔ぶれも変わってくる可能性が出てきます。

今は残留争いをするクラブの顔ぶれも画一化されてきました。14チームにしたらもっとおもしろくなるかもしれませんが、難しいのであればせめて自動入れ替え枠を4にするなど対策を考えないといけません。

日本代表がなぜ弱くなってきたか、なぜ下の世代も弱くなってきているかというと、競争が弱いからです。以前に比べ今はJリーグでの厳しさが弱まっています。チーム数を増やして興行、興行と優先するのであれば、ボクだったらSMAPの5バックにしちゃいます。チームはJ2だけど、J2でも売り上げはいつもナンバー1になれるんじゃない。

でも強化ってそういうことじゃありません。日本の将来のためにもJリーグはもっと激しい、レベルの高いリーグにならなきゃいけない。いつも同じ顔ぶれの残留争いを見ていると、人件費を減らしてJ1の下位やJ2の上位を行き来しているクラブの強化方法、そしてリーグ自体の見直しが必要だと改めて感じさせられます。

〝決勝戦〟というべき試合で引き分けを狙うのはおかしい［'07 10／20］

10月17日に行われた北京オリンピックアジア最終予選でオリンピック代表はカタールに1－2で逆転負け。守り重視のサッカーが崩れました。

ここまでの3試合で2勝1分の日本は、勝てばオリンピックの出場権を決定づけられるはずでした。でも、有利に立っているはずの日本が受け身に立ってしまった。相手の10番（ワリード・ジャシム・アブドゥラ）に細貝（萌）をマンツーマンでつけたのがその証拠。

首位にいるこの状況で、「まず相手のキーマンを消す」という作戦はいらないでしょう。過去3戦は1－0、0－0、1－0というスコアで首位に立ったから、守って勝つスタイルになってしまったのでしょうが、相手に敬意を払いすぎたかもしれません。もっとゆとりをもって〝勝って決めよう〟くらいの気持ちで攻めて点を取りにいけば良かったのに、はじめから守ろうとして負けてしまったのは残念でした。

試合は前半からチャンスが何回もありました。決定力不足は否めませんが、前がかりになったカタールのスキをついたりして十分に攻めることができていました。

でも前半43分に先制しただけで選手たちの意識がぐっと守りにいってしまった感じが……。1－1に追いつかれた後もFWを増やさずに上田（康太）を守備固めみたいに使った。勝とうというよりも、引き分けでいいんだ、という気持ちが出てしまいました。

それがまずかった。相手は〝攻めるしかない〟という気持ちで攻めてきましたけど、日本は同点になった後の15分間まったく勝負をかけられませんでした。リスクを負って攻めることは頭になかったんでしょう。

攻撃力が持ち味のはずの内田（篤人）が攻撃に絡んだのも試合を通して2回くらい？　もっとギリギリの戦いができたはずです。

ナビスコカップ（準決勝第2戦）を休んで、1週間準備してきただけに、スケジュールは言い訳にできません。カタールには足をつる選手がいたけど、日本はひとりもつっていなかったし、終わった後の選手の表情を見てもぐったりしている感はなかった。カタールは疲労困憊《こんぱい》で倒れこんでいたのに、です。

試合前に反町監督は「オリンピックに出場するための大一番になる」と話していたけど、戦い方から判断すると、それって引き分けでよかったということなんでしょうか？　この試合って〝決勝戦〟のような意味を持つ試合だったんじゃないのでしょうか？　だとすれば、〝決勝戦〟に引き分けでいいということはないはずです。

〝決勝戦〟というべき試合で、引き分けて優勝しよう（オリンピック出場を決めよう）という考え方だとしたら甘い。これで11月の残り2試合は勝つしかなくなりました。トーナメント戦の準決勝、決勝のような気持ちで本当に臨めるかで結果は変わってきます。

世界基準のサポーターに恥じない世界基準のクラブへ［'07　11／20］

アジアチャンピオンズリーグ（ＡＣＬ）で浦和が優勝しました。ハッピーエンドで終わって良かった！　クラブワールドカップへ向けても浦和の勝ちは大きい。今回のクラブワールドカップはＪリーグの優勝チームにも出場権が与えられることになっていましたから、日本から最低1チームは世界選手権に出場できました。

でもイタリアやスペインのリーグチャンピオンを差し置いて、開催国とはいえＪリーグのチャンピオンが優先してクラブワールドカップに出るなんて、世界の目線で眺めたら１００年早いでしょう。だから浦和がアジアチャンピオンとしてクラブワールドカップへの出場を決めたことは、本当によくやってくれたと思います。

決勝の第2戦は先制点を取れたことが大きかったですね。先に1点を取られていたら、このような結果にはならなかったはず。相手に先手を取らせなかったことで落ち着いて試合ができました。1点を取られたことでセパハン（イラン）は無理しなくてはいけない状況に。だからFW永井（雄一郎）が決めた先制ゴールの意味は本当に大きい。浦和は第1戦にいなかったDF（田中マルクス）闘莉王が戻ってきて、ディフェンスの壁が厚くなっていましたし、この1点に後押しされました。

大会を通じて感じたことは、セパハンとの決勝の2試合を見ても、PK戦で勝った城南一和（韓国）との準決勝を見ても、チーム力では浦和と対戦相手との間に大きな差はなかったということです。闘莉王、FWワシントン、MFポンテがいなかったら、浦和も他のJクラブと力は変わらない。あえて挙げるならば、彼らの個の力が相手に勝つ差となった。彼ら抜きでは優勝できなかったと思います。

浦和はアジアでは僅差で勝ったけど、世界ではどのくらいやれるのでしょうか？　だからクラブワールドカップ（12月7日開幕）での彼らの戦いぶりには注目したいですね。

初戦で再戦する可能性のあるセパハン（イラン＝日本のクラブがACLで優勝したので、J1優勝クラブの代わりに出場）に負けていたらお話にならない。ミラン（イタリア）やボカ・ジュニオールス（アルゼンチン）とどのような試合ができるのか。

昨年ACLで優勝した全北現代（韓国）は世界では歯が立たなかった（クラブワールドカップ初戦で北中米代表のクラブ・アメリカに敗れるなど5位）。世界で勝つためにはアジアで圧勝するくらいの力が必要なのか、何を強化すれば世界で戦えるのか。浦和には世界を知ってほしい。

そしてJリーグの他のクラブが世界にチャレンジするんだという意識を持って、浦和に勝とうとする強いチームが出てきてリーグが活性化すれば、国内選手のレベルも上がります。ひいては将来の日本代表のレベルアップにもつながるはずです。

今や浦和のサポーターは世界のレベルに到達しています。ACLではアウェーの韓国（準決勝、対城南一和戦）に約4000人も行って、イラン（決勝第1戦）にも約600人ものサポーターが応援に駆けつけました。

ひとつのクラブの応援に海を渡ってそれだけの人数が応援に行くなんて、今までの日本のどのスポーツにもなかったことでしょう。日本代表のサポーターでもそこまでの数は行くでしょうか？　浦和のサポーターは革命的なことをやったのです。間違いなく世界レベルのサポーター。サポーターが世界基準に到達しているのだから、次はチームが世界基準に到達してほしいですね。

第2章　岡田ジャパン

2007年12月〜2008年6月

RESULT & TOPICS

2007-12

1日	2007Jリーグ最終節	鹿島の優勝が決定
7日	岡田武史氏、日本代表監督に就任	
7日~16日	FIFAクラブワールドカップジャパン2007	アジア代表の浦和は3位

2008-01

1日	第87回天皇杯決勝	鹿島が優勝
26日	キリンチャレンジカップ	日本0-0チリ

2008-02

6日	2010ワールドカップ南アフリカ アジア3次予選(埼玉)	日本 4-1 タイ
17日	東アジアサッカー選手権2008決勝大会(中国)	日本 1-1 北朝鮮
20日	東アジアサッカー選手権2008決勝大会(中国)	日本 1-0 中国
23日	東アジアサッカー選手権2008決勝大会(中国)	日本 1-1 韓国 日本代表は2位に 同時開催の女子は優勝(国際大会で初)

2008-03

26日	2010ワールドカップ南アフリカ アジア3次予選(バーレーン)	日本 0-1 バーレーン
27日	国際親善試合(東京)	U-23日本 1-1 アンゴラ

2008-05

11日	AFCフットサル選手権(タイ)	日本は3位。 フットサルワールドカップ2008 出場権獲得
20日	第36回ツーロン国際大会(フランス)	U-23日本 1-0 U-23オランダ
22日	第36回ツーロン国際大会(フランス)	U-23日本 2-1 U-23フランス
24日	キリンカップサッカー2008~ALL FOR 2010!~(豊田)	日本 1-0 コートジボワール
24日	第36回ツーロン国際大会(フランス)	U-23日本 0-2 U-23チリ
27日	キリンカップサッカー2008~ALL FOR 2010!~(埼玉)	日本 0-0 パラグアイ 日本が2連覇となる優勝
27日	第36回ツーロン国際大会(フランス)	U-23日本 0(PK4-5)0 U-23イタリア
29日	第36回ツーロン国際大会(フランス)	U-23日本 2(PK3-4)2 U-23コートジボワール ※U-23日本代表は4位

2008-06

2日	2010ワールドカップ南アフリカ アジア3次予選(横浜)	日本 3-0 オマーン
7日	2010ワールドカップ南アフリカ アジア3次予選(オマーン)	日本 1-1 オマーン
12日	国際親善試合(東京)	U-23日本 0-0 U-23カメルーン
14日	2010ワールドカップ南アフリカ アジア3次予選(タイ)	日本 3-0 タイ
22日	2010ワールドカップ南アフリカ アジア3次予選(埼玉)	日本 1-0 バーレーン

岡田監督の立場は難しいが期待したい［'07 12／10］

12月7日、日本代表の新監督に岡田武史氏が就任しました。イビチャ・オシム前監督が急性脳梗塞で重責を担い続けることが難しくなったことによる緊急事態。その中で急遽後任を務めることになった岡田さんですが、現在のところ〝スペアタイヤ〟であるという印象が拭えません。

岡田監督は'97年のワールドカップアジア最終予選中に成績不振で解任された加茂周元監督の跡継ぎとして代表監督を務めているから今回が2度目の監督就任になります。でも決定的に違うのは、前回は加茂ジャパンのコーチングスタッフで、今回はオシムジャパンのスタッフじゃなかったということ。前回は代表チームを指導する重要な立場にありました。

でも今回は違う。オシムさんが元気であれば間違いなく声はかかっていなかったはず。そして〝スペアタイヤ〟だと思う理由は、監督が交代したのにオシム監督のときとコーチングスタッフがほぼ同じだからです。ボクは入れ替えを期待していたんですが、大木武コーチひとりを呼んだ以外、変わりませんでした。これでは野球でいうワンポイントリリーフ。岡田監督はスタッフ選考から全て岡田イズムを出すべきだったし、自分の内閣でやるべきだったと思います。

Jリーグの監督になるときだって一緒に仕事をした経験のあるスタッフを呼ぶケースが大半。それなのに日本代表でなんでそれを実行しないのでしょう？　周りのみんなが一緒に働いたことのないスタッフという中で、いきなりやるのは間違いなく困難が伴うはずです。

ボクが強く言いたいのは、理由はどうあれ日本サッカー協会とオシム監督との契約は切れたということ。昨年のワールドカップ終了をもって契約が切れたジーコ監督のときとは形は違いますが、オシム監督とは契約が切れた。だから、日本サッカー協会がオシムイズムの継続を口に出すのは疑問です。

ジーコ監督の後に指揮したオシム監督に、ジーコイズムを継ぐということはなかったですよね。岡田監督は、前回は加茂さんの跡継ぎだったけど、今回はオシム監督の跡継ぎではありません。

オシムイズムを続けたいのであれば、オシム監督の下で働いていた反町（康治）コーチや大熊（清）コーチが監督をやるのが妥当でしょう。突然外からトップを連れてきて「やれ」

というのは、形式的におかしい。これでは岡田ジャパンになったとは思えません。

野球の場合は昨年のワールドベースボールクラシックで世界一へ導いた王貞治監督、その後に監督に就いて先日の北京オリンピックアジア予選を突破させた星野仙一監督はそれぞれが監督としての色を出しました。本来、監督交代というのはそういうものです。

岡田監督自身、会見で語っていましたが、オシムイズムというのはオシム監督がいてからこそのもの。オシム監督が続けることができないのであれば、それを形だけ継続することはやめたほうがいい。本人がいなければただの模倣になってしまい、本来掘り下げるべき点や理想に踏み込んでいけないからです。

岡田監督は難しい立場で日本代表に入ることになると思います。ワールドカップ予選で勝てば「オシムの財産」だし、負ければ「岡田の責任」ということになる。ボクは岡田監督に期待したい。現在はオシム色を継続せざるを得ない環境ですが、プレッシャーの中で結果を出すことで、岡田監督は初めて岡田イズムを発揮する権利を得られるでしょうから。

世界との戦いで見えてきた日本サッカーの課題［'07　12／20］

ＦＩＦＡクラブワールドカップ（ＣＷＣ）はＡＣミラン（イタリア）が決勝でボカ・ジュニオールス（アルゼンチン）に４－２で勝ち、優勝しました。アジアの代表として出場した浦和が、ミランと1点差の試合（０－１）をして3位に入ったことも話題になっていますが、大会から感じたことはヨーロッパ、南米の代表チームとＪリーグとではまだかなりの差があるということ。

浦和はミランと1点差だったけど接戦を演じたというわけではありません。決して惜敗とは言えない。パスやトラップの技術差は明らかで、内容的にも必死に守ってどうにか1点に抑えた、という感じ。ＰＫ戦に持ち込むチャンスはあったかもしれませんが、90分間で勝てるか、というとまだまだ道のりは険しいと言えるでしょう。

０－１というスコアだけで世界に追いついたと思ったら大間違いです。浦和は3位決定戦でエトワール・サヘル（チュニジア）に勝ったけど、これはＦＷワシントンの頭で取った2点を何とか守って、ＰＫ戦で得たぎりぎりの勝利。42・195キロのフルマラソンにたとえると、浦和はボカから15分遅れで、ミランからは30分遅れの3位というところ。もし、クラブワールドカップがリーグ戦で行われていたら、浦和はまだ下のほうの順位になってしまうでしょう。

浦和も含めてJリーグが考えないといけないのは世界から「学ぶ」ということです。欧州チャンピオンズリーグ優勝7回など欧州を代表する名門ACミランですが、エースはブラジル人のMFカカで、浦和戦で決勝ゴールを決めたのはオランダ人のMFクラレンス・セードルフでした。GKもブラジル人のジダ。ヨーロッパの強豪としては自国選手がレギュラーを占める割合が多いと言われるミラン（CWC決勝では先発11人中7人）でさえも、その中心はやはり外国人なんです。

R・マドリーやバルセロナ（スペイン）だってレギュラーの半分以上は外国人。浦和も今回はポンテがいませんでしたが、ワシントンや田中マルクス闘莉王（ブラジル出身、'03年日本に帰化）が世界との勝負に不可欠な存在でした。

つまり、世界との戦いで見えてきたのは、Jリーグクラブのキャスティングのレベルアップ。日本代表なら日本人しか集められないが、クラブならより優秀な外国人を連れてくることができるのですから。

Jリーグでは現在試合にエントリーできる外国籍選手は3人までと決められています。ですが、ボクは5人まで増やしていいと思う。今後クラブワールドカップでヨーロッパや南米に勝つためには、各国代表や能力の高い外国人を多く呼ぶことによって、各クラブのレベルを上げることが必要でしょう。またより多くの外国人を参入させることによってクラブ内の競争を激化させ、日本人選手のレベルを上げることも必要だと言えます。

日本人選手の出場機会が減るかもしれませんが、それはあまり問題ではありません。これからは浦和やG大阪、鹿島らのクラブが世界で成果を出すことがまず目標であって、クラブワールドカップに日本人をいっぱい出場させることが目標ではないのですから。

いっぱい反省材料がある一年［'07 12／30］

残念ながら'07年は日本サッカー界にとってプラス材料が少なかった年だったと思います。喜びは浦和がアジアチャンピオンズリーグで勝ったことと、オリンピック代表がぎりぎり北京オリンピックへ参加する資格を取ったことくらい。A代表にとっていいニュースは全くと言っていいくらいありませんでしたね。ディフェンディングチャンピオンとして出場したアジアカップは4位に終わったし、代表監督がオシムさんから岡田さんへ代わったことで継続的にやってきた強化がやり直しになった。

ユース年代の代表も結果を出す前に「新黄金世代」などとメディアにすごいブランドをつけられたけど、実際の成績は振るわなかった（U－17ワールドカップは予選リーグ敗退）。U－20ワールドカップは16強。世界とのレベルの差を改めて見せつけられた結果となりました。

海外組にしても昨シーズンはスコットランドリーグMVP、セルティックのMF中村（俊輔）やフランクフルト（ドイツ）のFW高原（直泰）らが活躍しましたが、今シーズンは全くいい成績を収められていません。

またJリーグから海外へ進出する選手の名前も出てきません。エージェントが「日本人は〝売れない〟んだ」と言っているのを聞いたことがあります。海外から注目されるような選手がいない。これこそ、日本が低迷していることを象徴していると思います。

'07年はいいニュースより、久しぶりに悪いニュースが先行した印象ですね。日本側がクラブワールドカップ（CWC）にJリーグチャンピオンを出場させろと主張し続けて開催国枠を得ましたが、結果としてアジアチャンピオンズリーグの仕組みをぐちゃぐちゃにした（本来優勝チームのみだったCWC出場規定が、アジアチャンピオンズリーグ2位のイラン・セパハンもCWC出場）。またアジアチャンピオンズリーグのために川崎フロンターレがリーグ戦で主力メンバーを外したことで、Jリーグとの騒動になりました。同じくJ2の札幌、東京Vなどが天皇杯で主力をメンバーから外して負けて問題となりました。FW我那覇（和樹）へのドーピング問題に至ってはまだ解決されていません。

大逆転劇で盛り上がったと言われたJリーグは、千秋楽に横綱（浦和）が不意に倒れて大関（鹿島）が逆転優勝したといったところ。そして相変わらずJリーグの主なタイトルは外国人でした。MVPは今年MFポンテで去年はブラジルから帰化した（田中マルクス）闘莉王がもらっていた。また得点王は5年連続で外国人選手。オリンピック、A代表ともに新たなスター選手が出てきません。

日本サッカー協会、Jリーグはスター不足となっているサッカー界をどう分析しているか考えてほしいですね。これまでと比べると客離れが激しく、オリンピック代表は選手自らがチケットを配っていたくらいなのですから。過去の数字と比べると、オリンピックアジア最終予選最終戦（対サウジアラビア、国立）で4万人入ったからといって満足できるものではありません。人気面でもいっぱい反省材料がある一年間だったのではないでしょうか。

来年以降、日本サッカーのレベルを再び上げるためにも反省点をどう活かすか。ボクは、日本はもっと厳しさをもってやることが必要だと思います。

'07年は日本代表がアジアで負けても監督は代わりませんでした。Jリーグの各クラブを見ても優勝を狙うはずのクラブの監督が3位とか5位とかの成績で続投しています。ヨーロッパだったらクビですよ。

結果を出すために、結果を求める厳しい姿勢がもっとあってもいいのではないでしょうか。オシム監督が脳梗塞で倒れて、岡田監督が日本代表の緊急事態を救ったと言われていますが、救っただけで満足しても困る。代表監督である以上、厳しさは常に求められるべきです。

高校サッカーに〝ホンモノ〟はいるのか［'08　1／10］

年末から行われている全国高校サッカー選手権は準決勝までが終わり、千葉県代表の流通経済大柏と静岡県代表の藤枝東が決勝へ進出しました。数年前から思っていることですが、今回の大会も目立った選手が見当たりません。

流通経済大柏のFW大前（元紀）が準決勝で4点取ってスゴイと騒がれていますが、大会の全体的なレベルの低さを考えたら特別驚くことでもない。守りの強いチームが増えたという声も聞こえてきますが、相手の攻撃がいいか、悪いかを考えたら実際のところとりたてて守備が強いとは言えないと思います。

何より悲しいのは〝ホンモノ〟のスターがいないこと。流通経済大柏のMF田口（泰士）とか将来性を感じさせる選手はいました。だけど、清水入団が内定している大前も含めて今大会の出場選手でJリーグに行って即レギュラーを取れる選手っているのでしょうか。

それに比べ野球は毎年高校野球からスター選手がプロに入って1～2年目から活躍しています。Jユースのようなプロの下部組織があるわけでもないのに、野球は今年も中田翔（大

阪桐蔭→日本ハム、高校通算87本塁打）とか〝怪物〟を高校の部活から毎年のように出していますよね。

国立競技場の準決勝にその高校のサポーター以外の観客がどれくらい入ったでしょう（入場者数は流通経済大柏対津工の第1試合が約1万8000、藤枝東対高川学園の第2試合が約2万1000人）。小倉（隆史、四日市中央工）や松波（正信、帝京）の時代、'90年代前半は準決勝でも国立競技場が満杯になっていました。現在は半分以下。それだけ注目を集める選手、実力のある選手がいなくなったということなのではないでしょうか。

中田（英寿、韮崎）や城（彰二、鹿児島実）がプロに入っていきなり活躍していた時代はなんだったのでしょう。当時はＪ1が12とか14チームしかなかった。それが今は18チーム、Ｊ2を含めると30チーム以上あるのに1年目から活躍するような高卒選手がいない。中田たちはリトバルスキー（元西ドイツ代表）とかオッツェ（城加入年に得点王）とかベッチーニョ（元ブラジル代表）とかめちゃくちゃスゴイ外国人がＪリーグにいた時代に、チーム内の競争に勝って1年目からレギュラーを務めていたというのに、です。

高校サッカーでは以前の清水商や市立船橋、国見のような全国大会で必ず上位進出してい

た名門校がなくなってきています。常勝チームがなくなってきている。古沼（貞雄、帝京）さんや小嶺（忠敏、国見）さんのようなカリスマを持った指導者の後釜もはっきりとは見当たらない。

彼らはS級ライセンスを持っていなくてもいい選手を育てていました。現在は人工芝のグラウンドを持つ学校が増えたりして、ハード面は良くなっているのに選手は育ってきていません。

ブラジルでは、

「下手な選手は土でやれ」

と言います。

「ゴールネットをはずしてプレーしろ」

と言う。コーチなどは、チームがダラダラ練習してるとこう言うのです。要は芝やゴールネットなんてぜいたくなもの必要ないだろう？　という脅しです。選手達にグサリとくる言葉を投げかける。選手達は柔らかいピッチでプレーしたいし、シュートでネットを揺らしたい。だから真剣になります。芝もゴールネットもあって当たり前なわけではないということ

を、改めて認識させることで集中力を高めていくのです。

最近の高校サッカーを見ていると選手をケガさせないよう大事にしすぎて、戦える選手を育てていません。これはＪリーグの選手補強にとっても大問題なんです。早く手を打たなければなりません。現在、日本の田んぼ（育成）はずっと不作。日本の田んぼが不作のままだったら、（田中マルクス）闘莉王や三都主（アレサンドロ）のように外国人選手を帰化させるとか、ずっと〝輸入〟するしかなくなってしまいますよ。

ストーブリーグは本当に賑やかといえるか［'08 1／20］

このシーズンオフ、日本代表ＦＷ高原直泰がフランクフルト（ドイツ）から浦和へ加入しました。浦和はアルビレックス新潟からＦＷエジミウソンを、大分トリニータからオリンピック代表候補のＭＦ梅崎司も獲り、Ｇ大阪はＦＣ東京のＦＷルーカスを、千葉からは日本代表候補ＤＦ水本裕貴を獲りました。他にも日本代表ＤＦ駒野友一（広島→磐田）やＭＦ羽生直剛（千葉→ＦＣ東京）も新天地へと移りましたね。

世間ではアジアチャンピオンズリーグへ出場する浦和、Ｇ大阪を中心に例年以上にストー

ブリーグが賑やかになっていると言われていますが、実際はどうでしょう。浦和でいうと、FWワシントン（フルミネンセへ移籍）やMF長谷部誠（ボルフスブルクへ移籍濃厚）、DFネネ（未定）が出ていったお金で選手を補強しただけでは……。G大阪は昨シーズン途中で退団したFWマグノ・アウベスとDFシジクレイ（未定）の代わりにルーカスと水本を加えただけ。これって「補強」じゃないよね。戦力のプラスアルファになっていない。誰かが移籍した予算でやりくりしているだけの印象です。

また、MFレオナルド（元鹿島）やMFジョルジーニョ（元鹿島）、FWストイコビッチ（元名古屋、'08年度より名古屋監督）のような、世界での戦いで通用する一流選手は、近年と同じく今オフも来ませんでした。

Jリーグの中で見ると、インパクトのある新加入選手の名前はない。ニュース価値の高い、日本サッカーを引っ張る機関車的存在になりうる高原の加入以外は、各クラブとも放出した選手の穴を他のJクラブの選手で埋めているだけ。まるで「回転寿司」みたいなイメージ。

残念だけど、エジミウソンやルーカスの国内間での移籍はひとつの例です。昨季エジミウ

ソンは19ゴールを決め、ルーカスも12得点をマークしました。確かに彼らは日本で結果を出したことでオファーを受けたわけですが、世界トップクラスの選手かというと、必ずしもそうとは言えません。

昨年12月、浦和がクラブワールドカップで〝世界〟を経験して3位になりました。浦和の戦いを外から見ていた他のチームが世界で戦うためにどのような補強をしてくるかと思っていたら、結局はJリーグの中で選手がぐるっと回っているというだけ。ほとんどのクラブは駒野（友一）や茂原（岳人）のようにJ２へ落ちたクラブの選手をどう使うかとか、他のチームでいらなくなった選手を獲ることに力を入れているだけでした。

力のないクラブが主力選手を引き抜かれたことで優勝を狙うチームと残留争いをするチームとの差はまた開きましたね。J１へ昇格した札幌や東京V、京都サンガF．C．は補強が十分とはいえないし、彼らがJ２へ降格した広島や甲府より実力が上かというと、ボクは決して上と思わない。予算の問題などあるのはわかりますが、昨季のようにリーグ戦で2位、3位になってもアジアチャンピオンズリーグに出場できる可能性があるのだから、各クラブにはアジアを目指してもっと積極的な補強をしてもらいたかったですね。

一番補強にお金をかけた浦和にしてもJリーグやアジアでは優勝できるかもしれないが、今の戦力ではクラブワールドカップで0－1で負けたミラン（イタリア）とまた対戦できたとしても、勝てないと思います。

前回1点差だったからといって次にやったら勝てると思ったら大間違い。今の鹿島やG大阪が世界に出ても同じ結果でしょう。0－1という試合ならレッジーナやシエナといったイタリアで上位に入れないクラブでもやっているんです。戦力は確実にミランより劣るから、10回に1回勝てるかどうか。浦和はこれらのクラブより確実に強いとは言えない。

昨年の浦和では世界で勝てなかったこと、ミランからは点を取れなかったこと、0－1というスコア以上に内容に差があったことをよく分析する必要があります。必要なのは外国人のキャスティングの向上。Jリーグのクラブには世界で勝つための補強をしてほしいですね。

岡田ジャパンデビュー戦、〝色〟を出してほしかった［'08 1／30］

1月26日に行われたキリンチャレンジカップ日本対チリは0－0で引き分け。新監督のリールドカップ予選へ向けた初戦としては決していいスタートではありませんでした。岡田監督にとっては初戦で自分の色を出すチャンスだった。でもＤＦ内田（篤人）以外はオシム監督のときと同じチーム。ＤＦ中澤（佑二）やＦＷ高原（直泰）、ＭＦ鈴木（啓太）ら昨年一年間戦ってきたメンバーで勝ちにいって、結果が出せなかった。内容的にはとてもプアでした。特に前半、国内組だけでベストメンバーからは程遠いチリのほうがうまいという印象を受けたのは残念でした。

日本は何がしたいのかが明確ではなかったのではないでしょうか。ただ、それは監督の問題ではありません。監督の役割は、何から何まで指示を出すことではないですから。

日本はトルシエのときも、ジーコのときも、オシムのときもそうだけど監督が主役になってしまう国です。監督がクローズアップされ、選手だから当然その指示に従わなければならない面もありますが、選手には大人らしく、うまくいかないときは何をするかを見せてほしかった。試合への気迫が見られなかったばかりか、相手のプレッシャーの速さにドタバタしてしまい全く目指すべきサッカーができていなかった。指示が出るまで戦い方を変えられない、日本サッカーの悪い面を露呈した試合でした。

プロの選手が劣勢の場面で何をすべきか、というのが出せなかったのが残念でなりません。彼らは大半がアジアカップを戦ったメンバー。昨年、海外遠征でも試合を積んできたはずなのに……成長した姿は正直言って確認できませんでした。

岡田ジャパンのデビュー、初戦ということで期待が大きかったのですが、準備時間がないからオシム監督が1年半かけて育てたメンバーで戦った。まだ新しいものは構築できていない。その点を差し引いたとしても、日本は現時点でのベストメンバーでチリと戦って引き分けたということを自覚しないといけません。決してタレントがいるわけではない、ベンチの層も薄い谷間の時代が来ていると覚悟したほうがいい。これは時間がたてば良くなるというものではありません。

岡田監督は早い段階で自分の色を出さないといけないと思います。日本にいてずっとサッカーを見てきたわけだからどの選手が使えるのか、自分のサッカーに合うかはある程度分かるはずです。自分で選手を選んでどう料理するかが大事。

今はオシムという前の料理人のレシピを使っているだけです。チリ戦の3万7261人という観客動員数はジーコ（対ジャマイカ、5万5437人）、オシム（対トリニダード・トバゴ、4万7482人）のデビュー戦に比べて明らかに少ない数字。メンバー、そしてそのサッカーに魅力的なものを感じなかったからか、試合を楽しみたいと思って新監督を迎えるスタンドではありませんでした。ハンドボールのオリンピック予選は40分間でチケットが全て売り切れたというのに。

もはやワールドカップ予選の真剣勝負でないと見たがらない。そういう悪い流れを止めるためにも岡田監督で大丈夫、という強くて魅力的な戦いをこれから期待します。

システマチックではスターは生まれない［'08 2／11］

日本代表は2月6日、ワールドカップアジア3次予選初戦でタイに4－1で勝ちました。日本の皆さんは快勝だと思っているかもしれません。日本人はまず結果（スコア）から見ますから。

でもボクは相手を見て評価します。だから「4発」とか、ラッキーなゴールを決めた以外あまり良くなかった「大久保」（嘉人）の文字が1面、トップを飾っていたメディアの評価とは違います。

今回のタイはプレッシャーをかけたら勝手にミスしてくれるし、スキルも低かった。そしてGKの質も高くない相手でした。勝って当然。後半19分に相手が退場者を出して長い時間10人だったことを考えると、4ゴールは少なすぎる、と思っているくらいです。

ボクは「課題は攻撃にある」と思った。確かにボールはよく回っている。けれど相手を引き出そうというプレーがないし、決め事が多すぎて選手のひらめきが少ない。高原（直泰）にしても大久保にしてもペナルティエリアの中で全く勝負しない。ボールはゴールへ近づかずにサイドへサイドへと運ばれていきました。

後半、山瀬（功治）がドリブルで相手をかわしてゴールにつながったけど、ゴール前で仕掛けたのはあの場面のみ。あれも相手に奪われた末での結果（相手のクリアボールがMF中村憲剛に当たってゴール前に転がり、大久保がゴールを決めた）。タイ相手で勝負できなければ、世界のもっと強い相手と戦ったとき、打開するのは難しいですよ。

FWが育っていないのは特に深刻な問題です。あのタイだったら3点取るような選手が出てきてほしかった。エースの高原はゴールを決められないまま代わっちゃいました。

エースが良かったり、悪かったりじゃ困る。そして1月の代表候補合宿に呼んだ田代（有三）も使わないし、新しいＦＷが全く出てきていません。

つまり今、日本ではスターが誕生しない状態になっています。システマチックにするサッカーでは守備ができる選手は育ってもスターになるようなＦＷは育たないんです。

スターがいないから、サポーターも試合を見に来ない。ワールドカップ予選で３万５１３０人しか来ていなかった。親善試合はしょうがないと思っていましたけど、公式戦でもガラガラ……。岡田監督の３試合でお客さんが入らないのは緊急事態でしょう。

これは監督の力だけじゃない。寒いからでもない。当然のことですが内容が物足りない場合、魅力的な選手がいないとお客さんは見に来ない時代なんです。

“海外に行く”ことが即成長につながるわけではない［'08 2／20］

今年1月にＭＦ小野（伸二、ボーフム＝ドイツ）とＭＦ長谷部（誠、ボルフスブルク＝ドイツ）、ＭＦ水野（晃樹、セルティック＝スコットランド）、ＭＦ本田（圭佑、ＶＶＶ＝オランダ）がＪリーグクラブから欧州クラブの所属となりました。小野が初戦で2得点をアシスト。長谷部、本田はリーグ戦で先発出場を果たしたりしています。

大変喜ばしいことです。ですが、また別の視点からこの現実を見ることも忘れてはいけません。彼らは多額の移籍金を積まれて移籍したわけでなく、小野以外は移籍金なし。「0円」で海外のクラブに籍を移しただけなんです。その「事実」を考えれば、必ずしも〝助っ人〟として期待されて移籍したわけではないという見方もできます。言葉は良くないかもしれないけど、あえて厳しく言わせてもらえば、彼らは「留学」しているだけなんです。

1月にACミラン（イタリア）のブラジル人FW（アレシャンドレ・）パトが18歳でイタリアデビューしていきなりゴールを連発しています。パトは「0円」では獲れない。パトは17歳の時に2200万ユーロ（約35億円）の移籍金でインテルナシオナル（ブラジル）から移籍しました。それに対して「0円」で海外移籍したことをマスコミが騒ぐのはちょっとおかしい。

パトらと比べれば値打ちがないものに、形をつくろうとマスコミが必死に煽っていますが、これは日本のメディアの悪いところです。ボクから言わせると移籍金のかからない日本人はまだ安いから「お試し」で使われているだけ。試してダメならあっという間に使われなくなってしまいます。

日本人は海外でプレーしているというだけで、尊敬した目で見てしまう。でも海外でプレーしている選手で日本代表のレギュラーって何人いるのでしょうか。中村俊輔。では彼が入って日本代表はどれだけ変わるでしょうか。フリーキックがいいといっても、ボクは遠藤（保仁）とか今の日本代表のMFとどこが違うのか、はっきりと評価はできないと思います。

俊輔は'04年のアジアカップでMVPを取って優勝もしました。でもボクは'04年の大会は貴重なゴールを決めて守備でも頑張った中澤（佑二）の活躍のほうが大きかったと思う。つまり日本代表が俊輔で勝った大会＝「俊輔の大会」というのはないんです。

「この選手のプレーで優勝した」と言えるのは'00年アジアカップのMF名波（浩）だけだと思う。あの大会で司令塔として活躍した名波のプレーは大変評価できました。俊輔にしてもその他の海外組にしても、今代表に入ったからといって絶対的な存在になるわけではないのではないでしょうか、冷静に見ると。

「海外に出ればいい経験ができる」という日本人の考えは少し甘いかもしれません。日本ではあれだけ活躍していたゴルフの宮里藍ちゃんも、石川遼君も本場・アメリカでは苦戦しています。どのスポーツでもそうだけど〝外〟に出ると厳しい。行っただけで成長したと考えるのは大きな間違いです。1～2試合だけでなく、チームの一員としてシーズンを通して活躍できてから騒いでも遅くないでしょう。

ワールドカップ予選のバーレーン戦（3月）では俊輔ら海外組が合流する、と報道されているけど、彼らが加わって日本代表が劇的に変わることは考えられません。海外でプレーしているけど、チームを勝たせる存在として縦横無尽の活躍をしているわけではありませんからね。

23歳のオリンピック代表は「若手」なのか［'08 3／1］

北京オリンピック開幕（8月）まであと半年を切りました。北京オリンピックに出場する日本のオリンピック代表は2月に13日間のアメリカ遠征を敢行。このアメリカ遠征で4連勝でしたが、北中米で力のあるメキシコやアメリカと試合したわけではなく、相手は世界的に全く無名のグアテマラや大学生。とてもオリンピックへ向けたスパーリングをしたとは言えないと思うんです。

この世代のチームに言えるのは、昨年も一昨年もアジアのチームとばかり試合をして、欧州や南米のチームと一度も試合をやっていないということ。つまり世界レベルを全く知らない。メダルが取りたいならば、本当ならばこの時期にシーズン中の欧州クラブとでも武者修行をしていくべき。でもやらないのか、できないのか、実現しません。

多分彼らのノルマはアジア予選を突破して北京オリンピックに行くことだったんでしょう。もちろんオリンピック出場を決めたことは喜んでいいと思います。でもその後、オリンピックで勝つ、メダルを取るための準備が何もできていないんです。

遠征を行ったと言ってもグアテマラとの練習試合では日本のファンも「なんで？」と思うのではないでしょうか。

ブラジルやアルゼンチンはオリンピックで勝つために必死で戦ってきます。彼らにとって、金メダル以外は負けと同じですから。しかし日本は成績を求める厳しい要求も出てきません。そして世界を知らないまま、準備をしているような錯覚をしている……。

前から言っていることですが、この年代にはタレントがいません。今年に入って内田（篤人）がフル代表で出場を続けているし、安田（理大）も東アジア選手権でゴールには絡んでいたけど、本来はオリンピック代表選手がもっとフル代表にいないといけないんです。

水野（晃樹）や本田（圭佑）のように海外のクラブに移籍して経験を積めないのであれば、日本代表としてもっと厳しい戦いを経験しなければいけません。

アルゼンチンではオリンピックの出場資格があるリオネル・メッシ（20歳＝バルセロナ）やアグエロ（19歳＝Aマドリー）が世界的な強豪クラブのエース級として活躍しています。ブラジルのパトは18歳だけど、世界一のACミラン（イタリア）で試合に出続けている。でも日本はフル代表に入る選手が数人だけ（東アジア選手権は3人）。

Jリーグでもチームの絶対的なエースとして活躍している選手はいません。23歳でもまだ「若手」と言って甘やかしている。待っていれば彼らがじきに結果を出すと勘違いしている。日本では「まだ23歳」でも、世界で言えば「もう23歳」。世界で23歳と言えば、もう成熟した大人として見られるのです。日本の考えは世界から明らかに遅れてしまっていますよ。

以前はあったJリーグの勢いを再び［'08 3／10］

Jリーグ開幕1週間前に行われたゼロックススーパーカップ（3月1日）の内容は貧しかったですね。これはJリーグ開幕前のPRの試合。昨年のJリーグチャンピオンの鹿島と天皇杯の準優勝の広島（'08年はJ2）が戦ったから、「'08年のJ1とJ2を見に来い」と世間に宣伝するいいチャンスだったんです。でもスリルや驚きは感じられませんでした。

結果としてリーグのレベルは高くない、と言わざるを得ません。クラブ、選手うんぬんだけでなく、レフェリーレベルも不安、と見せたようなもの。今年のJリーグからもワクワク感は感じられない、と逆PRをしてしまったようなものです。8日に開幕したリーグ戦も不安が的中、シーズンの開幕に喜びこそすれ、驚きは少なかった。

今年のJリーグは何を見ればいいのでしょう。J1に新しく入ってくる3クラブは昔見た名前ばかり（札幌、東京V、京都）。開幕から活躍を期待できるルーキーも大物外国人選手も少ない。この状況は厳しい。だからボクはドイツ（フランクフルト）から日本へ戻ってきた高原（直泰）に〝化けて〟もらうしかない、と思っています。彼にゴールを決めまくってもらって、ヒーローになってもらうことを祈るしかない。

「さすがドイツのリーグ戦で1シーズン11得点取った選手だ。さすが日本のエースだ」って。正直、高原が不調になってしまったら何も話題がなくなってしまいます。

何もないと思う理由は、Jリーグの日本人選手でスポーツ新聞の1面に引っ張り出せる選手がひとりもいないからです。外国人選手では1面は無理。Jリーグを盛り上げて日本代表も人気回復だ、と考えたら高原に活躍してもらうしかない。

セルティックの（中村）俊輔がいたら、彼にも同じ期待を持たせられるけれども、高原の名前しか挙げられない、メディアが喜びそうな名前は。大久保（嘉人）が神戸で点を取っても、播戸（竜二）がG大阪で点を取っても、メディアで大々的に報じられることは難しいでしょう。

播戸の場合は、まずバレーとかルーカスといったチームメイトの成績を上回らないといけません。あとは中村憲剛がいくら頑張っても、川崎Fの注目はジュニーニョであり、フッキ、鄭大世（チョン・テセ）。それを上回るほどの活躍ができるだろうか。もし、浦和でエジミウソンが高原より点を取ったら、日本代表は大変。ワールドカップ予選がスタートしたのに、日本代表の何を見たらいいの？ という話になる。高原が代表戦でゴールを決めても、Jリーグではチームメイトのほうが活躍してる、となってしまいますから。

ここ数年、Jリーグの話題がスポーツ新聞の1面に来ることが本当に減りました。今のJリーグにはかつて紙面を賑わせた中田（英寿）も小野（伸二）も、稲本（潤一）も男前の宮本（恒靖）もいない。人気のあるカズ（三浦知良）はＪ2だし、ゴン（中山雅史）もほとんど試合に出ていない。大前（元紀）にかけるか？　高校サッカーのスターでも活躍する日はまだまだ遠いでしょう。

このスターがいない状況はちょっと、心配です。野球は中田（翔＝日本ハム）君とか、マー君（田中将大＝楽天）とかプロ1～2年目の若い選手が期待に応えて活躍しています。野球のほうが若いスターがいっぱいいる。サッカーではなかなか新しい名前が出てきません。野球のオープン戦のほうがサッカーの記事より何倍も多い理由のひとつでしょう。

サッカーが野球を上回っているような時代があったから、ボクはこの現状が悔しいんです。カズや前園（真聖）や中田が全国ＣＭに出ていた時代が確かにあった。小野もＣＭに出る、俊輔も出る、ラモス（瑠偉）も出るって、その勢いはすごかった。かつてのＪリーガーには話題性があって、それを求めてお客さんがスタジアムに入る、というパワーがあったけど、今はほとんど感じなくなってしまいました。

野球は福留（孝介）などスター級の選手が新たに大リーグに行っても、国内のプロ野球も人気を保っているし、海外の大リーグも人気が上がっています。単純に比較できない点はあるにしても、野球のほうが話題があるし、Jリーグは戦力ダウンしたはずの広島がゼロックスス－パーカップでチャンピオンに勝っちゃうようなリーグだし……。

ピクシー（ストイコビッチ）が名古屋の監督になって、駒野（友一）が磐田に行って、柳沢（敦）が京都で活躍するのか、といった話題は確かにニュースだと思いますが、それが大きな記事にはならないのはサッカーが注目を浴びていない証拠です。

やはりボクは高原がJリーグで期待に応えて、オリンピック代表のオーバーエイジに入ってガンガン点を取って、ワールドカップ予選でも活躍することを期待したいですね。高原には、苦しいと思わないで、プロとしての自覚を持って発奮していただきたい。今ならば、活躍すれば日本のサッカー界を救ってスーパースターになることができる状況ですから。

本当の〝オリンピック〟に行くためには［'08 3／20］

北京オリンピック開幕まであと5ヵ月を切ったオリンピック代表に提言したいことがあります。

結果を求めるのであれば「オーバーエイジ」を必ず使うべきです。

前回のアテネオリンピックで日本は24歳以上の3選手を起用することができる「オーバーエイジ」制度を2人しか使わずに（MF小野伸二とGK曾ヶ端準）、予選リーグで敗退しました。今回の北京オリンピックへ向けて、この制度を使って強化するのは当然のこと。だけど今の日本ではオーバーエイジを使う、使わないという議論すらされていません。

オリンピック代表は2月にアメリカ遠征を行いましたが、報道が全くなかったために彼らがいつ帰ってきたかも分かりませんでした。アメリカでどんな収穫があったか何も伝わってきません。オリンピックで勝つために世論は必要です。なのに、今回のオリンピック代表は、悲しいほどに注目度が低すぎます。ボクはその注目度を上げるためにも火をつけたい。

「オーバーエイジには誰が入るんだろう」

と。（田中マルクス）闘莉王、中村俊輔、高原直泰……、そろそろそういう目線で見ていい時期ですよ。

野球では日本代表の星野（仙一）監督が各球団の春季キャンプを回って、北京オリンピック代表候補を視察する姿が毎日のように報道されていました。一方、反町（康治）監督が各クラブのキャンプを回っているという報道をボクは見ることができませんでした。オリンピックのオーバーエイジに関連して、各クラブを回ってほしかった。

今いちばん注目を集めるために良いのは、監督の口から「オーバーエイジ」についてのコメントが出ることですが、いまだ聞こえてきません。

ブラジルではMFカカ（25歳）やFWロビーニョ（24歳）という世界トップレベルのプレイヤーをオーバーエイジで使うという意見も出ているのに、ブラジルよりも力の劣る日本がオーバーエイジを使わないというのであれば、それは理解できないですよね。過去から学ぶべきが、これまでと同じ失敗をまた繰り返すのでしょうか？

アトランタやアテネは使い切らずに予選リーグで負けました。これはJリーグの外国人枠3人と同じ発想。実力が足りないから〝補強〟すべき。オリンピック代表に力のある選手が11人揃っているなら「オーバーエイジ」の選手が来てもポジションを奪われないはずです。オーバーエイジを使う、使わないという議論は問題外。使って当たり前なんです。

ボクがみんなに伝えたいことがひとつあります。それは日本が'68年のメキシコシティオリンピック以外、〝本当のオリンピック〟に行っていないんだ、ということ。

実はアトランタもシドニーも、アテネにも行っていないんですよ。行く前に負けて帰っているんですから。アトランタオリンピックでブラジルに勝ったというけど、それは「マイアミの奇跡」であって、「アトランタの奇跡」ではないんです。アトランタ（準決勝以降を開催）では1試合も戦っていない。アテネオリンピックで試合を行ったのはテッサロニキやボロス。決勝が行われたアテネには行っていない。ベスト8まで行ったシドニーオリンピックもシドニーでなくアデレードで負けています。アテネオリンピックならアテネで、アトランタオリンピックならアトランタで試合をしてこそ、本当の意味で出場したと言えるはずです。

反町監督も気づいていないようです。今年中国には行くけど、北京にはまだ行っていない。これは中田（英寿）が言っていた言葉。

「オレ、オリンピックには一度も行っていない」

その前に負けている。（アジア最終予選最終戦で）サウジアラビアと引き分けてオリンピック出場を決めた時、反町監督はサポーターに、

「北京へ行けます！」

って宣言していた。でも北京に行くためには、勝たなければいけません。だから勝つため

題なんです。

の準備をしなければいけません。だからオーバーエイジに誰を起用するかはとても重要な問題なんです。

（'68年の）メキシコシティオリンピックではメキシコシティに行きました。勝ち上がって3位決定戦で（主会場の）アステカ・スタジアムで試合をしました。これがオリンピックなんです。目標を果たすということなんです。

ノルマも決めないで出場するくらいなら出ないほうがいい。岡田監督がワールドカップでベスト4と言っているんだから、オリンピックは決勝進出でしょうか。そういうところを目指していく姿が美しいし、人を引き込むとボクは思います。

現時点では、北京オリンピックは今までのオリンピックの中で最も低いスリルしかありません。だったら、ボクらがスリル、ワクワク感を盛り上げるために議論をぶつけるしかないでしょう。

「オーバーエイジ」についてみんなが、「俺は高原だと思う」とか「違う」とか議論する。そうすれば、勝つために何が必要かみんな分かってきます。今のままでは何に期待すればいいのでしょう？　平山（相太）、李（忠成）――。ボクは断固オーバーエイジを3人入れるべきだと思います。

バーレーン戦の敗戦について。何が原因か？［'08 3／30］

日本代表は26日、ワールドカップアジア3次予選第2戦でアウェーのバーレーンと戦い、0－1で敗れました。試合の1週間以上前から中東へ入り、万全の準備をしていたつもりでも、これまでバーレーンに一度も負けていないという余裕が出てしまったのは明らかです。ワールドカップ予選に絶対勝てる試合なんてありません。本当に日本はベストの状態で戦うという準備をしていたのでしょうか。

確かに過去のバーレーンとの対戦は4戦全勝でした。でも、これまでバーレーンに勝ってきたのはニッポンというチームであって岡田監督のチームが勝っていたわけではありません。前回のワールドカップ予選では2戦2勝したかもしれませんが、安田（理大）などワールドカップ予選初出場だった選手も起用して臨んだ今回は、また全く違うチームになっています。ケガ人も多かった。

でもだから負けたというのであれば、日本は選手層の薄いチームであるということを認めてしまうことになります。今回なら高原（直泰）や稲本（潤一）ら2〜3人ケガ人が出れば勝てないチームになる、ということになってしまいます。

ボクはベストで戦うための準備ができていなかったと見ています。試合前には、

「中村俊輔らがいなくても日本にはワールドカップを経験した選手が何人もいるから大丈夫」

という声もありましたが、3月27日には、7人のワールドカップ経験者がいたアンゴラ代表が日本のオリンピック代表と引き分けました。そういう例はいくらでもあります。

結局、今回の日本代表は海外組をひとりも使わず、国内の選手だけで戦ったわけですが、親善試合やJリーグでは通用しても、本当に無我夢中でやってくる選手との戦いでは苦戦することもはっきりしました。

海外組が加われば代表のレベルが格段に上がるわけではありません。ただし、世界との本気の戦いは本当に厳しいということは知っています。今回、チャレンジする側のチーム・バーレーンは球際を厳しく、そしてカウンターという定石通りの試合を行ってきました。ですが、厳しさに欠けるJリーグでしか戦っていない日本の選手はそれを撥ね除けることができ

ませんでした。

代表チームはここ数年、親善試合を国内でばかりやって、海外遠征などの厳しい戦いの経験はわずか。これでは強化になっていなかった、ということです。また現場の準備も不可解でした。

内容を重視していたはずの東アジア選手権（2月）は4バックだったのに、今回は3バックの布陣に変えて敗戦。練習でトライしていた、グループでボールをつないで攻めるという形も全く見られませんでした。これまでの準備は一番大事なワールドカップ予選につながっていたのでしょうか？

オシム監督時代の日本代表も最初は国内組でスタートしましたが、国内組だけでは勝てないということでアジアカップは海外組を起用して戦いました。海外組を切り札と考えているのであれば、なぜ最初からそういうチーム作りをしないのでしょう。一緒に練習する機会や試合を作ろうとするのが当然です。

〝ベストメンバーで戦う〟ということはどういうことなのでしょうか。日本サッカー協会もチームスタッフもどこか甘く考えていた節があったのではないでしょうか。アジア予選では負けないと思って（※日本が最終予選の前に敗れたのは'89年6月のワールドカップイタリア大会アジア1次予選北朝鮮戦以来約19年ぶり）。これまでの試合内容からして2年前のワールドカップドイツ大会よりも、現在の実力が落ちているのは明らか。そして今回、本気の戦いに負けるべくして負け、結果でもそのことを裏付けてしまった。

これまで親善試合で内容のない試合をしたのと今回ではわけが違います。現場レベルで責任を取る人間がいなければいけません。本当の評価ができる人がいれば、厳しく指摘して当然。でも協会関係者から聞こえてくるのは、負けたのに「想定内だ」とか「アウェーだから」とか……。

メディアも含めてサッカー界の中で意見を出し合わないと競争なんて絶対に生まれません。ワールドカップ予選で戦うチームはどれも互角の実力を持っている、と思わないと。ワールドカップ予選が4試合行われる6月までにチームを立て直せば大丈夫とか思っている人がサッカー界の多数を占めているのであれば、6月には本当に危機的な状況を迎えてしまうでしょう。

「これからは自分のやり方でやる」発言の真意は……？［'08 4／10］

先月の終わりに日本代表の岡田監督が、

「これからは自分のやり方でやる」

と話したと報道されていました。この発言の真意は分かりません。でも、これまでオシム前監督からの流れがあって、自分の好きな選手を選べなかったというのであれば、これは大問題です。

12月に監督就任のオファーを受けてから、就任するまで日本サッカー協会に何を求めたのでしょうか。監督を引き受けるときに全て自分のイズムでやるのが当然なのに、ここに来て自分から「やり方を変える」と発言するのはどういうことなのでしょうか。言うのであれば就任した12月に言うべきでした。バーレーンとのワールドカップ予選で勝っていても、同じような発言をしたのか、そこも疑問です。

ボクはこれまでのチーム作りは失敗だとは思っていません。そもそもチーム作りというのは監督自らコーチを決めて始めないといけない。なのになぜ岡田監督は一緒に働いたこともない人たちとともにチームを作っていかないといけなかったのか。総理大臣である監督が自分で内閣を決めることができない。

総理大臣の上に人がいるんだとしか思えません。上から勝手に決められたスタッフ、選手で結果は出せ、という。それで勝てると思ったのでしょうか。チーム作りが失敗だったわけではなく、問題はオシム前監督が交代してもオシムイズムにこだわった〝組織〟の貧しさだと思います。全く新しい監督を呼んだのだから変えないといけないのに。結局、2年前にドイツワールドカップで負けた後のスタートがこれから切られるわけです。

岡田監督は意見を言うのであれば、言うべきです。ただ冒頭の「自分のやり方でやる」という発言に何の意味をもたせたいのか。その真意をはっきりさせるべきです。選手を替えるのか、スタッフを替えるのか、それともシステムを変えるのか——。具体的に何を変えるのか全く伝わってきていません。選手やサポーターにも、これまで何が自分の思い通りにできていなかったのか説明してほしい。そうでないと、何が変わるのか分からないですから。

それでも現在ワールドカップ予選の成績は1勝1敗。どんな監督でも結果は出さないといけないのは確かです。アマチュアでない以上、次に負けたら更迭というのも考えないといけないでしょう。

ボクは個人的に岡田監督がどれくらいたくましくなったのか見たいですね。’98年フランスワールドカップで負けて叩かれて辞めた後の10年間。この期間でどう変わったのか、その本当の姿をこれから見せてほしいです。

日韓オールスターで本当に真剣勝負が繰り広げられるか［’08 4／20］

昨年までサポーター投票によって選出された東西の選抜チームによって行われていたＪリーグのオールスターサッカーは、今年からＪリーグ選抜（Ｊ－ＡＬＬＳＴＡＲＳ）と韓国Ｋリーグの選抜チーム（Ｋ－ＡＬＬＳＴＡＲＳ）とが戦う「ＪＯＭＯ　ＣＵＰ２００８」へと変更されました。オールスターといえばお祭り的な試合だったのが真剣勝負になったというけど、どこまで真剣勝負になるかは、本番を見てのお楽しみというところでしょうか。

今回Ｊリーグ選抜のメンバーは監督を務める鹿島のオリヴェイラ監督の選考をもとに18人を決定することに。ＪとＫの各リーグは３人までの外国人選手を起用することができるようですが、外国人枠が３人に制限されたことにはあえて苦言を呈したい。

真剣勝負をするというのであれば、外国人枠を作ったらいけないでしょう。現在、各クラブの中心的な役割を外国人選手が務めているJリーグでは、外国人を制限した時点で「リーグ最強」と言えるチームにはならないからです。監督が選んだメンバーに外国人が多いのだったら、日本人選手が頑張って減らすような努力をするべき。外国人が多かったら、実力社会だって言ってしまえば、本来一言で終わりです。

だから外国人枠のあるメンバー構成では、真剣勝負と言い切れない部分があると思います。一方で日本人選手が多くなるということなのであれば、日本代表とJリーグ選抜のメンバーとで、どれくらいの選手がダブるのかを注目したいですね。もしかしたら日本代表の選手が全く選出されないかもしれない。Jリーグ選抜の指揮を執るオリヴェイラ監督と日本代表の岡田監督との目線の違いがあるかどうかは興味深い点です。

またKリーグ選抜との試合が組まれたけど、日韓でずっとやる必要はないと思います。強化としても、イベントとして考えたとしても、Kリーグ選抜との試合でお客さんがいっぱい入るとは思えない。それに韓国としてもJリーグ選抜が来たからと言って、スタジアムにお客さんは入らないでしょう。

ボクはスペインやイングランドなど強いリーグの選抜、もしくはブラジルのサンパウロ州選抜やスペインのカタルーニャ州選抜などの地域選抜との試合を見てみたい。こういったチームと日本代表が戦ってもいいのでは。このオールスターの試合を日本サッカーの強化に結びつけていくという意味があればいいと思うけど、韓国とでは真剣勝負ができたとしても、強化にはつながらない、イベントにもならないような試合を続けていくのは厳しいかもしれません。

Jリーグ15周年。成功と失敗と［'08 4／30］

'93年5月15日にJリーグがスタートしてから間もなく15年になろうとしています。10チームのリーグ戦で始まって、12、14、16と増えて現在J1は18チームで行われています。

ただ、このチーム数ではどうしても大味なサッカーにしかなりません。以前から指摘しているように、どんなに甘く見ても14チームにまで減らすべきだと思う。そうすれば現在のJ1の下位4チームの選手が他のクラブに分配されて、J1の各クラブのレベルが上がるでしょう。

ボクには、Jリーグはこの15年間かけて、興行的に早く完成しすぎたという印象があります。たとえばもっと登録人数を増やすとか、高校サッカーの強豪チームではひとつの部の中から2チーム、3チームと公式大会に出られるようにするとか、先にやるべきことをやってサッカー界全体を強化してから、興行面に手をつけるべきだったのでは。それが、安易にJ1で戦う権利を与えすぎて、それが日本サッカーのレベルダウンにつながったということに、気づいていない人は意外と多いのではないでしょうか。

賛否両論ありますが、結果としてプロ野球なんてもう何十年も12チームから増えていません。チーム数が少ないから各チームのレベルが高いところで維持されて、毎年のようにスターも出てくるという側面は確かにあります。

もし日本のプロ野球が18チームになったらコールドゲームを作らないといけなくなります。日本代表も他のアジア諸国とレベルに差があるからワールドカップの1次予選を免除されている。それと同じでJ1の中に明らかなレベル差があっては、戦いにならなければ強化にもつながらなくなります。

あと大きな問題がもうひとつ。それは各クラブに経営面を指示する社長はいるけど、その上の責任者である会長がいないということ。

世界と日本の違いはここです。世界はクラブの会長は選挙で決める。日本は昔でいう企業内のサッカー部長、それがいま社長になっているだけなんです。日本のサッカー界はアマチュアの社会と同じ構成で成り立っています。中身はプロなれども、クラブのトップは選挙ではなく親会社の指名でやっていますから。

なぜ選挙のほうがいいかというと、それにより競争が発生するからです。立候補した会長候補が公約、マニフェストを持ってクラブを変えよう、より良くしようとする。それこそ健全なシステムのはずです。日本サッカーはプロリーグがあるのに、そういう参加型の世界になっていません。だから組織はアマチュアスポーツと変わらない部分が生じてしまう。世界の常識が日本の非常識になっているんですね。監督も選手も争っているのに、統括すべき組織だけなぜか争いがない。

総理大臣は自分の作った内閣が中途半端だったら、降ろされます。世界のサッカーも同じです。選出された会長が作ったチームが勝てないのであれば、会長から組織から全て退任して変わる、そういう責任を当然持っています。そうやって組織も勝つための努力をしていかないといけません。世界のクラブには全てのことに責任を持つ会長がきちんといます。負けても責任のない〝出向の社長〟ではありません。

本来、企業から脱却して地域と密接化することがＪリーグの理念でした。でも実際は、チームの名前に地名をつけているだけで企業から脱却できていません。だって、クラブのトップが企業から出向で来ているんですから。

日本は社長という名前がついているだけでえらいと思っていることが間違いなんです。日本のクラブの社長には力はありません。親会社などから立場を与えられているだけで、独立で経営する資格はないんですね。クラブを変える力を持たない。それだったら、民主主義の国らしく選挙でクラブのトップを決めていくべきだと思う。

これが世界がやっているのと同じやり方。「オレが勝たせる」という人が来てもいい。クラブの所在地に住んでもいないような人が社長をやるより、地元の有力者がやるというほうがいいかもしれません。お金をつぎこんで大きな組織にしようという人が立候補してもいい。

今は企業から出向してきて、企業でもクラブからも退職金をもらおうとしている人がいる。Jリーグにぶら下がろうとしている人間が多い。それよりたとえ建て前でもいいから2人立候補して、「どっちが勝った」とか、「ああ、あっちのほうが良かったな」とか言える社会が健全だと思いませんか？　そうやってクラブのレベルは上がっていくんです。

審判のミスは許されてもいいのか［'08　5／10］

4月29日のFC東京対大分戦で西村雄一主審が大分の選手に「死ね」と言ったかどうかが大きな議論となりました。でも「言った」「言っていない」の問題が判定として試合の結果に何か影響を与えるのでしょうか。大分側が「判定に不服だ、再試合だ」と主張したわけでもありません。結局はうやむやなままで収まっている。正直低レベルの騒ぎです。暴言問題でどういう答えが出ても、勝敗に関わるわけでもなくクラブの経済面に影響を及ぼすわけでもありません。

そのような問題を騒ぎ立てるより、メディアにはもっと大事なことがあるはずです。それは間違った判定によって試合の結果が逆になったような問題を厳しく指摘するべきということ。日本は野球にしろ、サッカーにしろ、レフェリーの判定に対する世論がそこまでない。

試合の結果をひっくり返すようなミスジャッジが起きているのに、そのことに対しての指摘が、大きく世論となって聞こえてこないことのほうが問題なんです。

日本ではかなり大きなジャッジミスがあっても結局は、

「レフェリーも人間だから」

で済まされてしまいます。これって変でしょう。レフェリーをリスペクトするのはスポーツの上でのマナーですが、間違っていることは間違っていると指摘するのもたいせつです。将来的な日本サッカー全体のレベルアップを考えれば、流して済む問題でもありません。少なくともプロの組織ではあってはいけないことです。

たとえば、ＰＫの判定ひとつで試合の勝敗は変わります。勝敗が変われば、チームの収入も変わってきます。チームの収入が変わればその強化、運営にも影響が出てきます。突き詰めていけばこれだけチームに大きな変化をもたらすのです。

にもかかわらずとんでもない判定、ジャッジミスやレフェリングのひとつのミスの重みがあまり取り上げられません。警察のミスは厳しく取り上げられるのに、審判のジャッジが問題化することは少ない。同じプロなのに、です。

’93年にJリーグができて、プロ化とともに代表強化などの勢いが来ました。それはプラスの部分。でもマイナスの部分に目を向けると未完成の箇所が多いということを忘れてはいけません。

クラブや選手は問題を起こすと罰金を取られたりします。ですが、審判はミスしてもJリーグから罰と言えるようなものがない。一定期間休んだり、研修すればまた笛を吹くことができるでしょう。今回の発言問題の調査も身内である日本サッカー協会がやっている。企業の社内調査じゃないんだから、もっと具体的に内容を示してほしいですね。

そしてJリーグの審判のジャッジは厳しく諮問されるべき。場合によっては罰金とかJ1では二度と笛を吹く機会を与えないとか、審判に対してもミスの許されない環境を作るべきです。厳しすぎると思われるかもしれませんが、それだけの責任をプロの審判は負っているんです。

それにしても今年は何かとサッカー関連の問題が多いですね。Jリーグも一度点検する時代が来ているのかもしれません。レフェリーの発言問題だけでなく、社長の飲酒運転事件や選手逮捕もあり……社会的に恥ずかしい話題ばかり。Jリーグができて15年経ちました。進歩した部分もたくさんあります。でも、いろいろな問題が出てきている今こそいいタイミング。「審判問題」だけでなくJリーグ全体を見直すべき時期だと思います。

なぜコンディションの悪い選手を代表に呼ぶのか['08 5/20]

キリンカップへ向けた日本代表27人が15日に発表されました。メンバーリストを見て、なぜコンディションが十分でない選手を何人も呼ぶのか、と疑問に感じました。鈴木(啓太)はメンバー発表の時点で公式戦に6試合連続出場していませんでした。また前田遼一も右ひざのケガから復帰したばかり。また負傷によって腰の状態が万全ではない内田(篤人)や先発から遠ざかっている巻(誠一郎)も呼ばれました。

新聞報道を見ると、鈴木や前田の招集にはクラブ側が納得していないとか。クラブがベストコンディションでないから招集すべきでないと言っているのに、招集するのはなぜなんでしょう。親善試合2試合のために、それも試合で使わない可能性もあるような選手をなんで呼ぶのでしょう。それだったら、クラブに残ってコンディションを上げていったほうがよっぽどプラスになります。

それともコンディションの悪い鈴木や前田以上の選手が現在の日本にはいないのか。もしそうだとしたら、今回の人選により日本は選手層の薄さを社会に印象付けましたね。

試合に出ないまでも、代表チームでトレーニングをすることなどによってチーム内コミュニケーションの充実をはかろうとしたのかもしれません。でも、ボクはJリーグで結果を出していない選手は、思い切って落としてほしかった。そうでないと、代表入りへ向けた選手間の競争は絶対に生まれないからです。日本代表とはそのとき日本で最高の選手が選ばれるべき。その当然の選考基準があいまいになっているのではないでしょうか。

あとJ2のC大阪から19歳の香川（真司）を呼んでいるけど、本当にワールドカップ予選で使う気があるのか疑問です。安田（理大）も同じだけど、オリンピック代表でレギュラーでない選手を岡田監督は招集している。世界ではフル代表に入るような選手は当然オリンピック代表ではレギュラーです。

それが、日本では北京オリンピック代表の18人に入るかどうか分からないような選手がフル代表に入ってしまっている。岡田監督とオリンピック代表の反町監督はJFAハウスで一緒に会議したりしているはず。代表強化、その一貫性はどうなっているんだろうと思わずにいられません。

今回、（中村）俊輔、長谷部（誠）、松井（大輔）と3人の海外組が呼ばれましたが、海外組が入ったところで日本が急に強くなると考えるのは早計です。長谷部はドイツでレギュラーとして試合に出ていますが、それでも急に上達するものではありません。松井にしても、日本代表で絶対的な存在だったら、これまでの監督も必ず招集していたでしょう。

だけど常に代表入りしていたわけではありません。また俊輔は、そろそろ年齢的な不安が出てき始めてくるのではないかとボクは感じているんです。今回、彼らが加わっても日本の戦力にとって、そのまま足し算にはならないことが世間に印象付けられる。そんな大会になるかもしれません。

危機感の欠如が後に深刻な問題を引き起こす気が……［'08　5／30］

日本代表はキリンカップ第2戦でパラグアイと0－0で引き分け。埼玉スタジアムでの代表戦の最低観客動員数となった2万7998人の空席だらけのスタンドと同様、寂しい試合内容になってしまいました。

通算1勝1分でキリンカップ優勝は果たしました。今回の2試合を見て、日本はどことやっても〝それなり〟の試合ができるということを確認できたのは収穫と言っていいかもしれません。でもチームのレベルはせいぜい主力抜きのパラグアイと同程度。これ以上の相手となると……。

（中村）俊輔が入っても松井（大輔）が出ても結局、劇的なレベルアップをすることはありませんでした。初招集の長友（佑都）は勢いのある選手だと思いますが、まだテクニック不足なのは否めません。

32歳の寺田（周平）もチームのアドバンテージにまではなっていませんでした。誰が入っても戦力は下がらない代わりに上がらない。コートジボワール戦もあれだけ押し込まれた内容でよく勝てたなと思います。でも評価できるのはここまで。これ以上のレベルアップを望むのはちょっと難しいかもしれません。

今回の試合はワールドカップ予選へ向けたテストだったはず。その目的は達成されたのでしょうか。パラグアイ戦は開始から20分間は良かったと言えます。でもそこで勝負を決められなかった。あとは0－1で負けたアウェーのバーレーン戦と同じように、後半、動きがなくなっていきました。

ワールドカップ予選直前の試合であることを考えると、後半バテて負けてしまったバーレーン戦の反省と対策をするのかと思いきや、全く同じような試合内容のまま終わってしまいました。1トップ以外はハーフウェーライン付近で一生懸命ディフェンスをしていましたが、このアウェー戦のようなサッカーをホームのオマーン戦（6月2日）でもするのでしょうか。そもそも今回交替枠を6人も使ったのに、ペースダウンして動きが止まってしまった。ワールドカップ予選の交替枠は3人ですからね。

結局、内容も結果も得ることができずじまい。試合後の岡田監督の曇った表情を見れば、思い通りにできていないことがよく分かりました。得点力の低い攻撃面の課題は残ったまま。

あと、強く感じたのは今の代表には「価値」がないということです。代表の座がステータスになっていないということ。今回、引き分けで優勝しましたが本来、ホームでは引き分けで満足していたらいけないんです。ボクは、

「日本代表のユニフォームを着ているんだから勝たなくてはダメだ！」

というような強い気持ちをもって勝ちにこだわってほしかった。でも自分の身を削ってでもゴールへ向かう気迫を見せてくれた選手はいったい何人いたか。声を張り上げていたのは、（田中マルクス）闘莉王くらいじゃない。主力不在で気迫も薄かった相手につきあう形のサッカーになってしまったことが残念でした。

また今回は主力だとはいえ、状態の悪い高原（直泰）や（鈴木）啓太、遠藤（保仁）を起用しました。コンディションが悪くても代表に呼ばれ、新戦力以上に試合に出てしまうのでは、代表の価値が下がってしまうだけです。

パフォーマンスが悪くてもまた代表に呼んでもらえる、というような気持ちがどうしても生まれます。それでは選手間の危機感は生まれません。調子が悪い選手は、それではいけないということを自覚させるために代表から落とすべきでしょう（FW高原は5月29日に離脱）。

香川（真司）ら新しい選手を加えるならば、その分選手を外すべきです。今回は両方呼んで結局、コンディションの悪い選手を使っていました。普通逆でしょう。'98年のワールドカップ直前にカズ（三浦知良）や北澤（豪）といったベテランをメンバーから外したことが、岡田監督にとってトラウマになっているのでは？　と思ってしまうほどです。

今の日本代表からは危機感を感じられないのは、深刻な問題です。でも日本で今、どれだけの人が危機感を持っているのでしょう。ワールドカップアジア予選で敗退するようなことが起こらないと、意識は劇的に変わらないのでしょうか。

事故が起こってから信号を設置するのでは遅いのですが……。

個性が生まれないのには原因がある［'08　6／10］

日本代表が6月に行うワールドカップアジア3次予選4連戦最初の2試合は1勝1分で終わりました。オマーンと2試合を戦いましたが、1戦目は主力3人が出場停止だったオマーンが「守って引き分けられれば」くらいの気持ちで試合に臨み、早い時間にセットプレーで1点取られた後は戦意喪失。これで日本は敵陣のハーフコートでゲームができていました。

そして第2戦は引き分け。大きな違いは主力3選手が戻ったことと、ホームだったからか、オマーンにカウンターの脅威があったことです。日本は彼らのカウンターに守備2人対攻撃2人の場面を作られるような危ない場面が何度もありました。それを怖がってか、日本は思い切った攻めができなくなりました。

顕著だったのはアウェーの試合（第2戦）では（田中マルクス）闘莉王が攻め上がる場面が全くなかったこと。コンディション的な問題か、それとも戦術的な指示があったのかはわかりませんが、リスクを背負ってでも勝とうという試合ではなかった。1位通過しなければいけないというよりも予選通過できれば、という戦い方に終始した。勝たなくてもいい試合だったわけだから、引き分けは順当な結果だったと言えるでしょう。でもこれで良いのでしょうか。

今の日本代表を見ていて思うのは、香川（真司）にしても内田（篤人）にしても、上手いのは上手いけど、代表レギュラーとして納得させられるものを感じられないということです。つまり試合を決めるような〝絶対的な〟期待を持てない。

海外組の3選手が入ってもチームに大きな変化は生まれませんでした。頼れる存在なのは、中澤（佑二）であり、闘莉王であり、守備の選手ばかり。日本代表はパサーばかりで、ここぞというときに頼れる選手、ボールを持ったときにゴールを予感させてくれる選手がいないんですね。大久保（嘉人）は大事なところで退場してしまった。

突き詰めていくと、ボールの受け手（ＦＷ）がいないということです。川崎Ｆでは（中村）憲剛がスルーパスを出してジュニーニョが決めるとか、Ｇ大阪では遠藤（保仁）が出したパスをバレーが決めるとか、Ｊリーグにおける日本代表選手たちのパスの受け手は外国人ばかりで、その力に依存してしまっているのが現状です。Ｊリーグではどのクラブも前線は外国人選手。それなのに日本人ＦＷに国際試合でいきなり活躍をしろ、と求めるほうが難しいのかもしれません。

Ｊリーグ各クラブの前線が外国人選手ばかりになってしまうのは、彼らのほうが日本人ＦＷより質が上だからです。日本人ＦＷにはＪリーグで活躍している外国人ＦＷのような個性が足りないんです。

日本のサッカーはシステマチックで教科書にそったようなスタイル。練習では同じようなパス練習を全国どこでもやっています。確かにパスは上手くなるかもしれないけど、それじゃあＦＷは育ちません。小さなころからみんなで同じ練習ばかりしている環境の中では、個性を身につけることはできないんです。

黒板の上ではストライカーは育たない。フットサル日本代表を一度見てもらえば理解できると思います。彼らは瞬間的にシュートを打つ技術を持っている。それもフルコートの6分の1しかない狭いコートで、プレッシャーもキツイ中で小さなゴールに次々と決めていく。普段からそういう環境の中で自分たちを磨いているからそういうプレーができるようになるんですね。

サッカーも同じです。日本人FWだってそのような環境で磨けばできるようになる、必ず。たとえばそのような環境で練習するような選手が出てくれれば、個性は確実に育ちます。

ユーティリティーはプロフェッショナルがいてこそ際立つ［'08 6／20］

日本代表は6月14日のワールドカップアジア3次予選でタイと戦い、3－0で勝ちました。スコアとしては快勝。ただし相手を見ることを忘れてはいけません。タイはこれまで勝ち点わずか1のチーム。これはホームでのオマーン戦（2日）と同様、点差をつけて勝って当然の試合だったはず。前半に幸先よく2点を取った後、試合終了直前に3点目を奪うまでの試合展開に、山ほどの宿題を見た気がしました。

FWがゴールを決められないのは相変わらず。今回もアタッカーの選手でヒーローは出てきませんでした。（田中マルクス）闘莉王と中澤（佑二）のセットプレーで点を取るということが日本のパターンになってしまっている。

戦術的にも疑問を感じました。サイドからクロスを上げる攻撃をしているのに、長身の巻（誠一郎）と矢野（貴章）はベンチ。サイドからクロスを入れるなら、中央で待つＦＷはヘディングが得意な大柄な選手を入れるのが定石。しかし実際は小柄な玉田（圭司）の１トップ。それでいて後半途中から矢野が出てきたらその長所を活かさず、一転して裏を狙うサッカーへと変わりました。

何より気になったことは、日本の選手がリスクをかけてゴールを取りに行こうとしないことです。欧州選手権（ＥＵＲＯ２００８）を見ている人はお分かりかと思いますが、オランダのＭＦスナイデルとか、欧州では中盤の選手がリスクを負って前に出、シュートを決めています。でも日本の選手は負けているときしかリスクを背負おうとしない。

世界的に守備のレベルが上がっている現代サッカーで、リスクも負わずにきれいに点を取ることはとても難しい。ですが日本は今までのサッカーと変わらず、ボールを支配する時間ばかり長くて「何が何でも点を取る」という空気を感じさせる攻撃をしていませんでした。

セットプレー以外で点が取れないのは、パスの出し手ばかりでゴールを狙う選手がいない日本の中盤にも原因があると思います。遠藤（保仁）のセットプレー以外は点を取れない。タイ戦は試合終了間際に（中村）憲剛がゴールを決めましたが、彼もクラブに戻ればボランチですよね。得点感覚のある選手がチームではボールを追いかけることが仕事になってしまっている……。それでは点を取る感覚は磨かれませんし、代表戦に出ても対戦相手のレベルが上がったときに「点を取る選手」として期待することは難しくなっていきます。

日本ではユーティリティーという言葉が美化されすぎている感があります。ボランチもトップ下もできていい選手、と扱われていますが、そのほとんどがトップ下なのかボランチなのか、右サイドなのか左サイドなのか、パサーなのか適性のはっきりしない選手が多いのではないでしょうか。

いろんなポジションをできる選手がいると選手層が厚くなる面は確かに尊重できます。ですが一方で各ポジションでは絶対的な存在にはなれません。要はプロフェッショナルにはなり得ない。

厳しく言ってしまうと、中途半端とユーティリティーという言葉は表裏一体ということです。ボクから言わせれば、中盤の選手よりも守って点も取る中澤と闘莉王のほうがよっぽどユーティリティーな選手です。それより、もっと攻撃陣ではっきりと結果が出せるプロフェッショナルな選手に出てきてもらいたいですね。

何度も言っているように、Jリーグを見ても得点を期待できそうなFWや中盤の選手はいまだ見当たりません。これはワールドカップ最終予選に向けてもとても心配な問題です。そしてこの問題は8月の北京オリンピックにも同様に当てはまります。

今、メディアの間では、

「点を取るためにオーバーエイジにFWを」

という声が強まっていますが、それならFWを呼ぶより遠藤と中澤、闘莉王を選んだほうがよっぽど得点の確率は上がります。遠藤がプレースキックを蹴って、2人の高さで点を取る。オリンピックで勝つためには、そのほうがより現実的な気がします。

第3章　世界とアジア

2008年6月～2009年2月

RESULT & TOPICS

2008-07

24日	国際親善試合(兵庫)	U-23日本 2-1 U-23オーストラリア
29日	キリンチャレンジカップ2008 ~ALL FOR 2010!~(東京)	U-23日本 0-1 U-23アルゼンチン

2008-08

6日~	第29回オリンピック競技会女子サッカー競技(北京)	日本女子は4位
7日~	第29回オリンピック競技会男子サッカー競技(北京)	日本はグループリーグ敗退 (オーバーエイジ枠は使わず)
20日	キリンチャレンジカップ2008 ~ALL FOR 2010!~(札幌)	日本 1-3 ウルグアイ

2008-09

6日	2010ワールドカップ南アフリカ アジア最終予選(バーレーン)	日本 3-2 バーレーン
30日~	フットサルワールドカップ ブラジル2008	日本はグループリーグ敗退

2008-10

4日~	AFC U-16選手権(ウズベキスタン)	U-16日本は4強 U-17ワールドカップ出場権獲得
9日~	キリンチャレンジカップ2008 ~ALL FOR 2010!~(新潟)	日本 1-1 UAE
15日	2010ワールドカップ南アフリカ アジア最終予選(埼玉)	日本 1-1 ウズベキスタン
31日~	AFC U-19選手権(サウジアラビア)	U-19日本は準々決勝敗退、 U-20ワールドカップ出場権逃す

2008-11

1日	2008Jリーグヤマザキナビスコカップ決勝(東京)	大分が初タイトル
12日	AFCチャンピオンズリーグ2008決勝第2戦(オーストラリア)	G大阪が優勝、 FCWC出場権獲得
13日	キリンチャレンジカップ2008 ~ALL FOR 2010!~(神戸)	日本 3-1 シリア
19日	2010ワールドカップ南アフリカ アジア最終予選(カタール)	日本 3-0 カタール

2008-12

6日	2008Jリーグ最終節	鹿島が2連覇
11日~	FIFAクラブワールドカップジャパン2008	アジア代表のG大阪が3位

2009-01

1日	第88回天皇杯決勝	G大阪が優勝
20日	AFCアジアカップ予選(熊本)	日本 2-1 イエメン
28日	AFCアジアカップ予選(バーレーン)	日本 0-1 バーレーン 11年ぶりに日本代表戦の テレビ中継なし

2009-02

4日	キリンチャレンジカップ2009 ~ALL FOR 2010!~(東京)	日本 5-1 フィンランド
11日	2010ワールドカップ南アフリカ アジア最終予選(横浜)	日本 0-0 オーストラリア

ワールドカップ最終予選組み合わせは「楽」なのか［'08　6／30］

ワールドカップアジア最終予選の組み合わせが27日に決まりました。日本はオーストラリアとバーレーン、ウズベキスタン、カタールと同じグループA。韓国、イラン、サウジアラビア、北朝鮮などが入ったグループBに比べると楽なように見えますが、オーストラリアがいる。これは決して楽な戦いにはならないでしょう。

現在のアジアの中では、オーストラリアの力が頭ひとつ抜けていると思う。3次リーグではエースのハリー・キューエルやセルティック（スコットランド）のFWスコット・マクドナルド、そしてティム・ケーヒルらを中心に現アジアチャンピオンのイラクや、中国もいた激戦区をしっかりと1位で勝ちあがってきました。

現段階の実力を比較するとグループAの1位はオーストラリアになる可能性が大きい。実質、残りの4チームで2位を争うことになるでしょう。日本にとってワールドカップの出場権は2枠ではなく1枠しかないと考えたほうがいいかもしれません。

もし2位までに入れず、3位になったらグループ3位同士が戦うプレーオフでは韓国やイラン、サウジアラビアと戦うことになるでしょうから、かなり厳しい戦いになります。

日本は3次予選を1位で通過しましたが、これは参考にならない。ボールは支配しているものの、決定力不足の課題は何も解決されませんでした。確かにオマーンやタイ、あと練習試合で高校生と戦った時など力の劣る相手からは点を取っていますが、バーレーンなど相手が一定レベルに達すると取れなくなってしまう。

（田中マルクス）闘莉王や中澤（佑二）のセットプレー頼みで、攻撃の駒不足は明らかです。過去の日本代表と比べても、ワールドカップには行けなかったけど'94年の予選では勝負強いカズ（三浦知良）がいました。'98年の予選は中田（英寿）と名波（浩）が中盤にいて2列目から点を取る形がありました。'06年予選には核として活躍した選手はいなかったものの、オマーン戦で決勝ゴールを決めた久保（竜彦）やホームの北朝鮮戦に決着をつけた大黒（将志）といったラッキーボーイがいました。

今の日本にはこのラッキーボーイと言える存在すらいない。リーグ戦、代表を含めて分析しても可能性のある名前は、今のところないですよね。

加えて気になるのは先制点を許した試合に日本が勝っていないことです。先制点を取られたアウェーのバーレーン戦（0－1）は負けてしまいましたし、同じように先制点を取られたオマーン戦（アウェー、1－1の引き分け）も勝つことができませんでした。

最終予選は3次予選のように守って勝てる確率がより減ります。攻撃に関しては、正直言って高原（直泰）が復調するのを期待するしかない。ベスト4に入ったアジアカップでは高原が軸でした。彼は得点王になりました。彼の力があったから、ベスト4に残れたのです。

今回、アジアカップで引き分けたカタールは、アジアチャンピオンのイラクを上回って最終予選に進出してきました。アジアカップでベスト8だったウズベキスタンは、サウジアラビアに3－0で勝つなど5連勝で3次予選を突破。他の国はアジアカップのときより力をさらにつけてきていると見ていいでしょう。

でも今の日本は下の世代からの押し上げがなく、アジアカップからの上積みも感じられない。高原がいなくなって、むしろ得点力は落ちている。3次予選のときよりレベルの高い相手に対して、もし先に点を取られたら……心配は尽きません。

オーバーエイジ。簡単に引き下がるには問題が大きすぎる［'08　7／10］

北京オリンピックを直前に控えてドタバタしています。オーバーエイジに関する問題で。そもそもオーバーエイジを誰にするのか、決めるのが遅すぎた感は否めません。北京オリンピックまで残り1ヵ月チョットの時期に決めよう、というのが……。勝つために必要な選手を準備できなかったのは、強化担当者の凡ミス、しかしとてつもなく大きいミスです。

今回の問題は選手に先に打診しておいて、その気にさせておいてクラブへの連絡が後回しになったということです。選手をノミネートする前にクラブへ一言言うのは当然の筋。本当に大久保（嘉人）をオーバーエイジで使用したいならば、神戸に行って何度も頭を下げればいい。

反町監督は簡単にあきらめすぎじゃないでしょうか。だって大久保はケガだと言われていますが、Jリーグの試合には普通に出ているんですから。

ウイルス感染症で入院した遠藤（保仁）にしても同様ですが、コンディションの悪い選手を選出しているのが気になるところです。2人とも日本代表の選手だから、日本サッカー協会のメディカルスタッフが見ていたはずなのですが……。

このままだと代わりの選手を呼ばずに、3人使えるオーバーエイジ枠を余らせたままオリンピックに臨むことになります。本当にそれで勝てると思っているのでしょうか。ライバルたちが当然のように3人使ってくるオーバーエイジを使わなくて勝てるのでしょうか。

本当に日本の将来を考えているのか、と言いたい。

大久保問題はあっという間に終息してマスコミの話題にすらならなくなりました。反町監督のコメントも聞かなくなりました。日本サッカー協会のミスについて言及できない理由が何かあるのでしょうか。

反町監督にはなんで今回このような結果になったのか、勇気を持って発言してほしい。でないとこの問題はあやふやなまま終わってしまいますし、また起きないとも限らないですから重要なことです。

ただ、これでオリンピック代表には重圧のかからない状況となりました。たとえメダルを逃してもそれなりの戦いができればヒーローだし、勝てなくてもオーバーエイジがいなかったから、という言い訳ができてしまいます。実質ノルマはなくなったと言えるでしょう。

北京オリンピックメンバー発表。過去は活かされたのか［'08　7／20］

7月14日に北京オリンピックへ向けたU－23日本代表選手が発表されました。サプライズは特にありませんでしたね。結局、大久保（嘉人）も遠藤（保仁）も辞退したことでオーバーエイジ枠はゼロに。現在のチームをベースアップさせる存在であるオーバーエイジ枠を使わずに日本は北京オリンピックを戦うことになりました。

正直、何を考えているのか分からないですね。これで世間の男子サッカーに対する注目度も下がったことは確実。順位に対する期待もなくなってしまいました。世界のライバルたちから見ても、日本代表はノーマークの存在になったでしょう。

アルゼンチンはオーバーエイジにA代表の司令塔、ファン・ロマン・リケルメやハビエル・マスケラーノがいて、そのほかにもリオネル・メッシらA代表で活躍している選手がいます。

対して日本のメディアがエースだと期待している李（忠成）はA代表に一度も呼ばれていません。そこに最も期待を寄せている時点でアルゼンチンとは結果を残す可能性が大きく変わってきます。反町監督にとっては、日本のA代表の選手はオリンピック世代の選手以下の実力と判断した、と見られても否定できない部分が残ります。

おそらく、オーバーエイジという制度は大したことないという判断なのでしょう。アルゼンチンとは7月29日に国立競技場で親善試合を行いますが、ここがひとつのポイントになると思います。

オーバーエイジを使うチームであるアルゼンチンと、使わないチームである日本との差が出たら……本番前に現実、つまり大きな実力差を思い知ることになります。そして日本は取り返しのつかない課題を背負ったまま北京オリンピックを迎えることになるかもしれません。

また、青山（直晃）や梅崎（司）がメンバー落ちしたことで、「予想外のメンバー選考」とも言われています。ですが、オリンピック代表には、

「こいつを外したら勝てない」

という絶対的な存在はいませんでした。だからサプライズな人選というわけでもありません。それより、完璧な準備を経て今回のメンバー発表がされたか、ということが疑問です。

次期会長の決定が7月にまでずれ込んでしまったことで、日本サッカー協会は落ち着いた状況にありませんでした。ゴタゴタな状況だったあおりを受ける形で、オーバーエイジ問題への対処ができなかった。

アテネオリンピック（'04年）のときの山本昌邦監督も'06年のワールドカップのときのジーコ監督にしても4年間かけて準備をして大会に臨みましたが、それでも勝てなかった。過去の敗戦の分析をして、予選後にできるだけ早くメンバーを決めるなど、より入念な準備をして大会に臨むべきだったのではないでしょうか。普通でも勝つのが難しい国際大会を前にこんなゴタゴタでは、本番でどういう結果になるか……今から目に見えています。

勝つためには、相手に殴りかかる「勇気」が必要［'08 8／1］

北京オリンピックに出場するU－23日本代表は7月29日、U－23アルゼンチン代表と戦って0－1で敗れました。テレビや新聞の報道は「健闘」と評価していましたが、果たしてそうなのでしょうか。

日本は必死に守って、守って試合をロースコアへ持ち込もうとしました。ですが、後半に

1点を取られてしまった。そして1点を取ることができなかった。スコアは1点差だったけど負けたということには変わりはありません。

もっと冷静に分析してみましょう。試合では内田（篤人）が右サイドから仕掛けて何度もファウルをもらっていました。攻撃へ切り替わるときの判断が速く、いい形でボールをもらっていました。そして抜こうとチャレンジしていました。それで「内田は世界で通用した」という言われ方をしていますが、それは違うでしょう。

強いチームのDFなら絶対に止めに来ます。たとえファウルになったとしても得点につながるプレーは絶対にさせません。内田は仕掛けてファウルはもらっていましたが、あのディフェンスを抜いてラストパスをFWに通したわけではありません。これでは相手を脅かした、とは言えないんです。

また、0－1という試合ならば、'07年のクラブワールドカップで浦和レッズはミラン（イタリア）と0－1の試合をしています。だけどその試合内容には大きな差がありました。アジアチャンピオンになった浦和ですが、ヨーロッパを相手にすると受け身になるしかなかった。守って1点差の試合には持ち込んだものの、見ていた誰もが世界との大きな差を感じたはずです。ボクはそのときと同じような印象をこの試合でも受けましたね。

バーレーンやオマーンが日本相手に守りを固めて1点勝負の試合に持ち込もうとする。そして0－1のスコアで負ける。今回はこの逆。アジアの国々が日本にするような戦い方を、日本がしただけです。アルゼンチンが調子のピークを持ってくるのはまだまだ先。だから失点は少なくてすんだんです。一方、谷口（博之）も指摘していたようですが、相手にボールを回され続けてしまうと勝ちに持ち込むのは苦しくなります。本大会で予選リーグを勝ち抜くというのであれば、1点取られた後に1点取る、もしくは取れるような思い切ったプレーを見せてほしかったですね。

北京オリンピック初戦は惜敗。惜敗は美しいのか［'08 8／10］

最悪な結果になってしまいました。北京オリンピック初戦で日本はアメリカに0－1で敗戦。早くも絶望的な状況に。この試合、日本は無我夢中でやらないと勝てない相手なのに、〝よそ行き〟のサッカーをやろうとしていました。

アルゼンチンとの壮行試合（7月29日）で0－1だったから自分たちはアメリカよりも強

い、と錯覚したのでしょうか。アルゼンチン戦に関して言うと、自陣に引いて守っていたのだから失点はそれなりに抑えることができました。でもリスクをかけた攻撃をせず、無得点のまま負けました。結局、勝ち点ゼロのサッカーしかできなかったんです。

それなのに本大会でもグループ内にオランダ、ナイジェリアがいることを考えれば、勝ち点3を取りに行かなくてはならないアメリカに、リスクをおかさずに守ってばかりのサッカー……。予想通り、苦しい展開を打開する武器を日本は持っていませんでした。

アルゼンチンとの試合も含めて、これまで準備していたことが何の勉強にもなっていなかったことが証明されてしまいました。

アメリカのレギュラーのCB2人が負傷で出られないことは事前に分かっていたはず。NHKでテレビ解説した山本（昌邦）さんも指摘していました。山本さんも知っている情報をチームが知らなかったわけがない。

それなのに日本の先発メンバーを見たら、森本（貴幸）の1トップ。トップ下の谷口（博之）はFWに近い位置でプレーしていましたが、事前に相手の守備が苦しいという情報が分かっていたのだから、2トップ＋谷口という先発布陣を組んでもよかったはずです。

この試合で勝ち点3を取らなければいけないのであれば、攻撃に重きをおいてよかった。最初から攻撃的だと不安、と判断したのなら、せめて後半2分に先制点を取られた直後からリスクを負って攻撃を仕掛けるべきでした。

実際、試合立ち上がりからサイドを崩す場面は何度かあったんです。相手のDFが連係に苦しむ場面も見られました。でも日本は肝心なところで中央にFWがいませんでした。失点して15分以上経った後半19分から李（忠成）を入れて、その後豊田（陽平）、岡崎（慎司）とFWを投入しましたが、交替するには遅すぎました。

なんで日本はもっとリスクをかけてでも勝とうとしないのでしょう。暑さと疲労で前に出られないアメリカに対して、守って守ってのカウンターばかり。先制された後も1－1にすることより0－2にならないことを優先していたように見えました。

アメリカ戦は引き分けじゃダメだったんです。日本は昨年のアジアカップでも押し込んでいる試合を1点差やPK戦で落としています。そして今回、反町監督自身も試合後の会見で「0－1の惜敗だったが」と口にしています。

相手が優勝候補のナイジェリアであれば、0－1を惜敗と言っていいかもしれません。でも勝たなくてはならない相手に負けて惜敗と言えるでしょうか。この1敗で、決勝トーナメントへ進出するためには残り2連勝するしかなくなりました。

敗戦の弁で「この結果は致し方ない」。……残念すぎる［'08 8／21］

日本A代表は8月20日、ウルグアイ代表と対戦して1－3で負けました。ウルグアイレベルの相手とやればやられてしまうという、お手本のような試合でした。北京オリンピック直前まで、強豪相手にほとんど試合をしないまま本番を迎えて、3戦全敗したオリンピック代表と同じ。アジアの格下相手には勝てるかもしれませんが、今の日本代表は高いレベルの相手と試合をしたら今回の結果のようになってしまいます。

まさに「実力不足」と言っていい内容。ボール際の強さとゴールに向かう執念を見せたウルグアイに対し、日本のプレーからは何も感じることができずじまい。ミスが多く、あっさりとカウンターを食らう場面の連続。プレッシャーをかけに行ってもボールにさわることすらできませんでした。

ウルグアイのラストパスの質がもう少し高ければ大量失点を食らっていたところです。結果はもちろん、采配による変化はおろか、この試合に持って臨んだテーマも出せない。

岡田監督は試合後のテレビインタビューで、

「ウルグアイに対して、この結果は致し方ない」

と言っていました。負けた試合の後で「この結果は致し方ない」なんて言っている監督はこれまで聞いたことがありません。自分たちはヘタだと宣言しているようなものです。あまりにも残念すぎます。

日本は本当に危ないと思います。それなのに選手、監督、組織も危機感を全く感じさせない。9月に始まるワールドカップアジア最終予選まで、もう技術レベルは変わらないでしょう。活を入れるしかない。オリンピックで惨敗しても誰も責任を取らない今の日本サッカー界では、'10年のワールドカップ出場は不安、現状は生ぬるすぎです。なにより、気持ちが入っているようには全く見えない。

オリンピック惨敗後の今は、ドイツワールドカップで負けた後と同じだと思うんです。ただそこで、何もなかったようなフリをしていてはダメなんです。

ドイツワールドカップ敗戦後に、日本サッカー協会の体制は何も変わりませんでした。それが2年後の今の日本サッカー界の貧しさを作り出しています。勝てないだけでなく、新しい選手も全く出てこない。同じことを繰り返したら日本のサッカーはさらに落ちていきます。

はっきり言って、ボクは最終予選初戦のバーレーン戦に負けたらワールドカップに行くことはできないと思っています。今日の試合内容では勝利の保証はありません。今はそれくらい危機的な状況。メディアやサポーターももっと危機感を持たないと。

昨年12月の就任当初にあった、

「A代表は岡田監督で大丈夫か」

という雰囲気が今は消えてしまっています。ここでもう一度、しっかりと考え、引き締めるべきでしょう。

日本サッカーを取り巻く環境がもたらした低迷［'08 9／1］

北京オリンピックサッカー競技での日本の成績は男子が3戦全敗。女子は4位でした。野球の星野ジャパンや女子バレー、バドミントンの「オグシオ」、そして反町ジャパンも、マスコミが連日取り上げていた選手たちが結果を残せず、なでしこジャパンやソフトボール、フェンシング、バドミントンの「スエマエ」など〝陰の扱い〟だった選手たちが頑張りました。

なでしこジャパンのプレーを見て感じたのは、

「日本人は追い込まれてこそ力を発揮する」

ということです。なでしこは勝たなければ決勝トーナメント進出がついえるグループリーグのノルウェー戦で、5−1で勝って蘇りました。ノルウェーに先制されて本当に後がなくなってから、底力を発揮しました。

思えば、男子の日本代表も本当に追い込まれた状況から、はい上がったことがあります。異常とも言えたサッカーブームの中で迎えた'97年のフランスワールドカップアジア最終予選。日本代表はホームのUAE戦で引き分け、6試合を終えて1勝4分1敗の勝ち点7。試合後、サポーターから生卵やパイプイスなどを投げつけられました。サッカー界が混乱しかけたほどの状況で、選手たちはプレッシャーに打ち勝ちました。フランスワールドカップ出場は追い込まれた危機的状況から盛り返してつかんだものだったのです。

そう考えると、北京オリンピック代表の反町監督と選手は甘い環境で過ごしたまま、中国へ行ってしまったと思います。一流と言えないチームとホームでばかり戦って、「自分たちは強い」と勘違いしてしまいました。また、そういった状況に対して厳しく追及する人がいませんでした。

メディアがまだスターとは言えない選手たちをスターに仕立てたことで、選手たちは甘やかされ、何のプレッシャーもかけられることがありませんでした。メディアは試合後の会見前や裏では、

「これではダメだ」

と厳しいことを言っているのにもかかわらず、いざ新聞やテレビを見ると、協会や監督を怒らせたくないのか、穏やかな論調でしか伝えられなくなります。納得のいかないプレーをしていた選手に卵を投げつけ水をかけるなど主張して、「外国に近づいたかな」と思っていたサポーターも、今や厳しい指摘をせずにスタンドで飛び跳ねているのみ。こんなので勝てるわけがありません。卵を投げつけろ、というのではありません。厳しさがないのです。

オリンピックではピッチコンディションや審判へのクレームばかりが目立ち、ピッチの上

で披露したプレーは貧しいの一言。審判の判定についてつべこべ言っていたのは日本くらいです。他のチームは、その環境を当たり前と受け入れてプレーしていたのにもかかわらず、です。正直、これでは勝てるわけがありません。

そして監督が23歳以下の選手をまとめきれずに内紛。オリンピック代表は大会の視察に来た犬飼（基昭）新会長の目の前で崩壊しました。

これは責任問題です。負けたら〝修理〟をするのが当然の流れ。でも北京前と北京後で日本のサッカー協会は何も変わっていません。メディアも彼らに追及しない。野球はメダルを獲得できなかったことで、星野バッシングが始まっています。でもサッカーは波風も立たず。変化を求める風潮もない日本サッカー界が変われるわけがないでしょう。

9月から始まるワールドカップアジア最終予選。オリンピックの反省がまるで活かされないまま、最も大事な予選に突入しようとしている。これは本当に不安です。今の日本サッカーには、完敗した試合を叩くメディアもいなければ、どうにかしようという協会もない。今の日本サッカーには〝殴られて〟立て直すだけの力がありません。

それは代表のチームや選手たちだけの話ではありません。メディアやサッカー協会、そしてサポーターたちが生んだ生ぬるい環境によってもたらされたのです。いわば、日本サッカーを取り巻く人たちの自滅。温かいだけでなく冷たい厳しさも必要なのです、強くなるためには。

アウェーでバーレーンに3-2。この勝利の評価は［'08 9／12］

日本代表がバーレーンと戦ったワールドカップアジア最終予選初戦は「やれやれ」、という試合でした。アジアのライバルたちに〝日本はすごく強い〟という印象を与えられませんでした。最終予選で対戦するチームの中で最も弱い相手に、からくも勝ったという印象です。

バーレーンに勝ったということで最終予選を戦い続ける権利、つまりワールドカップ出場を目指せる権利は得ました。バーレーンは3次予選で1度日本に勝っているにもかかわらず、まだ日本に対して名前負けをしていたように見受けられました。ホームなのに日本を恐れて向かっていくことができなかったからです。

どんな内容であろうと勝ったことは評価できます。ですが、今回勝ったからといってワールドカップ予選の戦いが安泰になったわけではないことは肝に銘じておくべきでしょう。選手も手ごたえは感じていないのでは。試合後「いいサッカーができた」というコメントは予想通り聞こえてきませんでしたね。（中村）俊輔や松井（大輔）、長谷部（誠）の海外組が入っても、サッカーの内容が向上したわけではありませんでした。

岡田監督の采配についても分からないことが多々ありました。チャンスメーカーとして使ったと思った松井は、攻撃の華麗さよりも激しい守りを求められていたようでした。左SBはこれまで起用されてきた駒野（友一）や長友（佑都）、安田（理大）ではなく、ウルグアイ戦で1度テストされただけの阿部（勇樹）。当然、そのサイドから日本は攻められて失点。

岡田監督は3－0となった試合終了間際に2点を奪われたことについて、

「3点目が入ったところでベンチも選手も安心してしまった」

とコメントをしていました。これは〝今後も自分が指揮して大丈夫か〟ということを世間に発表してしまったようなものです。俊輔にしても、

「足が動かなくなったときにどのようなサッカーをするか」

と話していましたが、彼は評論家じゃない。課題が分かっているなら試合中に考えて、す

ぐに行動に移さないといけません。

メディアでは「勝った」ということよりも、試合中にバーレーンサポーターから遠藤（保仁）の目に当てられた「レーザービーム」のほうがよっぽどニュースになっています。それはそれでショッキングなニュースです。が、俊輔以外にプレーで注目される選手がいないぐらい日本のサッカーが貧しくなっている証拠でもあります。

最終予選で対戦する他のチームの試合も見ましたが、どれもあなどれない印象。これから先の戦いはまだまだ不安です。今回の勝利はウルグアイに完敗し、9月1日には練習試合で大学生（流通経済大）にも0－1で負けてどん底に落ちた日本代表がなくしていたものをちょっと戻しただけ。それでも十分価値ある1勝ですが、不安を一掃するにはまだまだ不十分と言わざるを得ません。

競争からくる厳しい環境が世界に勝つ素地を作る［'08　9／21］

8月に行われた北京オリンピックでは、なでしこジャパンの活躍が目立ち、男子の低迷が際立ちました。この結果を見てまず思ったことは、競争のない社会は低迷し、立て直すのは難しくなるということです。

なでしこジャパンがどうして世界4位まで登りつめたのか。一因に、なでしこリーグのチーム数が少ないということがあると考えられます。なでしこリーグは1部が8チーム。男子のJリーグは1部が18チーム。女子はわずかな数のチームが3回戦総当たりで競争できていました。その証拠に8チーム中6チームに北京オリンピックの主力選手がいます。少なければいいというわけではありませんが、厳しいリーグで切磋琢磨してきたことは間違いないでしょう。

それに比べ、男子のオリンピック代表の選手たちは18クラブもあるJ1ですら、所属クラブの中で絶対的なレギュラーと言える存在は半分ほど。それで世界相手に勝てるわけがないですよね。

より激しい競争が行われるリーグにしないと、プレーしている選手のレベルは絶対に上がりません。世界で戦える選手が思った以上に少ないということは、北京オリンピックで証明されたでしょう。U－23だから？　世界には20歳で一流に登りつめているスターがたくさんいる。言い訳にはなりません。すでに日本サッカーの〝暗黒の時代〟は始まっている。それぐらいの危機感を持たないと、将来取り返しのつかないことになります。

　またマッチメイクの差も男女の結果の差に出たと思います。女子代表は海外の強豪国と試合をする回数が多かったことも強化につながりました。女子は昨年と今年で現在（'08年9月時点）の世界ランキング15位以内のチームのうち、フランス、デンマーク、イタリアを除く12チームと対戦しています。でも男子のオリンピック代表は上位15チーム中、4チームとの対戦のみ。女子は10日間のアメリカ遠征を行ったり、ブラジルやカナダといった世界的な強豪を日本に招いて試合をし、ブラジルには競り勝ったりもしていました。

　確かに女子のチームは、男子で力のあるイランやサウジアラビアといった中東チームの力が劣るために、各国際大会のアジア予選を勝ち抜く可能性は高い。でもスポンサー絡みの国内試合ばかり行っていた男子よりは、女子のほうが北京オリンピックで勝つための準備ははるかにしていたと思いますし、それが勝負どころのたくましさとして見事に結実したと思います。

本番で使わなければテストマッチで出場させた意味はない［'08 10／11］

日本代表は10月9日にＵＡＥと国際親善試合を行いました。結果は１－１で引き分け。はっきり言って今回も収穫は得られませんでした。ＡＣＬ翌日に試合を組んで（田中マルクス）闘莉王に阿部（勇樹）、遠藤（保仁）といったレギュラー候補の選手がいない中での強化試合。ワールドカップ予選のウズベキスタン戦（15日）で勝つためのテストマッチという意味合いは少ないと言わざるを得ません。代表スポンサーのために強引に試合を組んだというところでしょうか。

それも重要な仕事ではありますが、日本のテストマッチというよりもむしろＵＡＥのための強化試合になってしまった感があります。ＵＡＥはアウェーで行われる15日の韓国戦へ向け、韓国戦と同じ引き分け狙いの試合をシミュレートして臨んできました。本番同様に交替枠も3人しか使っていませんでしたね。日本より早く合宿を始めていたＵＡＥはコンディションも良く、結果、思い通りの試合ができました。

一方、日本は何がしたかったのか見えてきませんでした。貴重なテストマッチで先発した岡崎（慎司）は間違いなくウズベキスタン戦で使うのでしょうか。新人を起用したかと思えば、試合終盤にはすでにテスト済みの巻（誠一郎）や佐藤（寿人）を入れて結果的には失敗。それでいて試合後に岡田監督は、「収穫があった」と発言。選手たちのコメントからも引き分けで終わった悔しさは感じられず。

本当にウズベキスタンに勝つためのシミュレーションだったのでしょうか。実際は新人のテストなのか。それなら森重（真人）と森島（康仁）は何のために呼んだのか。支離滅裂で分からないことだらけです。

メディアの報道では19歳の香川（真司）がゴールを決め、初招集の興梠《こおろき》（慎三）がよく走り回ったと評価されています。ただ、テストマッチで活躍した選手を本番で使わなければテストの意味はありません。ウズベキスタン戦のために彼らを起用したのならば、このＵＡＥ戦であまりいいプレーのできなかった中村俊輔や玉田（圭司）ではなく、香川と興梠を先発で出場させなければ、結局今回のテストマッチは無意味ということになります。

Ｊリーグでの新潟の平均観客数よりも今回のＵＡＥ戦のほうが観客数は少なかったですね（新潟は３万４４９０人。ＵＡＥ戦は３万１８５３人）。日本代表戦はお客さんが入らないことがまた改めて示されました。さらに8月に対戦したウルグアイよりも戦力的に劣る相手にちょっと攻められただけで失点。カウンター対策という課題はいまだ解消されず。そして、相変わらずの得点力不足。闘莉王や遠藤など主力不在の中で無理やり行われた試合で連係が高まったという新たな成果も……あったとは言えないでしょう。

日本はウズベキスタンに対し、

「こうすれば私たちに勝てますよ」

と教えたようなものです。15日のウズベキスタン戦は引き分けでも許されません。ホームで必ず勝ち点3を取らなければならないのが当然。2戦2敗のウズベキスタンを復活させる足がかりにしてはいけません。

頼りになるFWがいないことが証明されてしまった［'08 10／20］

日本代表は10月15日にワールドカップアジア最終予選でウズベキスタンとホームで戦い、1−1で引き分け。出場した岡崎（慎司）や香川（真司）には悪いですが、ワールドカップ予選に臨むチームではなかったと思います。ワールドカップを懸けた戦いでプレーするにはまだまだ甘さが見え隠れしていました。テストマッチと同じようには事は進みません。

一方勝ち越し点が欲しい場面で（田中マルクス）闘莉王をFW起用したのは驚きでした。浦和でやっていることを代表でも試してみたのでしょうか。あれは采配だったのか、それともミスを取り戻したい闘莉王が勝手に上がったのか。

その是非はともかく、それまで代表の練習で試してもいなかったことをいきなりワールドカップ予選でやったとしたら問題です。試合終盤の前線は岡崎に興梠（慎三）に闘莉王。組み合わせたことのない選手ばかり。練習試合でも試していなかったことを、この本番でテストのようにやってしまったことが、結果として勝ち点3を逃すことにつながったのではないかと思われます。

この試合を見ていて、オシム監督のときにエースだった高原（直泰）たちはどう感じたのでしょう。ボクがFWだったら、

「オレの評価ってそんなものですか」

と監督に言う。ベンチにも入れなかった巻（誠一郎）にしても佐藤寿人にしても、

「オレたちじゃダメだから闘莉王なんだ」

と思ったかもしれない。確かに闘莉王の決定力は評価されるべき。ですが、その決定力を活かすならそれなりの準備をしないと。

別の見方をすれば、今回の試合で日本には頼りになるFWがいないことが証明されてしまいました。これもケースバイケースで、もし今回の試合に引き分けたらもう敗退が決まるという場面ならば、ギャンブルとしてやってもいい。また、闘莉王を前線に上げてポストプレーをしたら、誰がシュートを狙うのか徹底していたのならいい。でもこのウズベキスタン戦に関してはそのような判断は間違っているし、準備もなされていませんでした。

過度の緊張もあるでしょうが、岡田監督の心理状態が不安です。バーレーンとの初戦で終盤に2失点した直後のインタビューで「(3点目を取って)ベンチもピッチの選手もホッとしたところがあった」と油断があったことを話していました。

代表戦はもちろん、さらにワールドカップの最終予選で油断なんて絶対あってはならないこと。頭に描いた青写真通りにいかなくてパニック状態になり、理解が難しい采配をしてしまっている可能性があります。

ボクが知っている岡田監督は冗談の好きなおもしろい人です。本当に好人物。それが試合後のインタビューでは岡田監督らしいコメントも上手く出せないようになってしまっています。キャラを出せないなんて、明らかに自然体ではない。なんで立場が変わったら人間まで変わってしまうのでしょう。堅苦しい。普段通りでない。何か末期的な感じがします。

ウズベキスタン戦翌日のメディアは「監督解任」とか批判的な記事を書いていました。最近としては珍しいことです。

ボクシングで選手がダウンした場合、レフェリーが選手の目を見てまだ戦えるか判断をするといいます。同様に今回の試合でメディアは岡田監督の目を見て、もう戦えないのでは……と判断し始めている。これで11月のカタール戦に負けたら、次は2月に別格の強さを見せているオーストラリア戦が控えます。グループ2位も難しくなってしまう。岡田監督が今後も指揮を執るためにはアウェーだろうとカタールに勝つ。それしかありません。

「秋春制」の是非は［'08 10／30］

日本サッカー協会の犬飼基昭新会長がJリーグは「秋春制」へ移行すべきとの考えを示し

ています。欧州と同じサッカースケジュールにすることを強調しているようですが、犬飼会長はどういう目的で「秋春制」をやりたいのでしょうか。

たとえば移籍期間がマッチして海外移籍がスムーズになるから……？　海外の大物選手が日本に来やすくなったとして、彼らを獲得するクラブが今の日本にあるのでしょうか。そして逆に日本人選手の海外移籍は増えるのでしょうか。

「春秋制」だったJリーグ発足当時はシーズン関係なく、ジーコやリトバルスキー、リネカーのようなそうそうたるメンバーを世界から連れてきていました。だから、問題はシーズンではなく経済力。はっきり言って、今のJリーグクラブのどこにトップレベルの選手を獲る経済力があるのか疑問です。

未曾有の経済危機でクラブ経営は来年もっと厳しくなるはず。なでしこリーグからの脱退を表明したＴＡＳＡＫＩペルーレみたいなクラブがＪから出てこない確証なんてありません。まずは、リーグからの分配金を増やすとか、Ｊリーグエンタープライズからクラブにグッズの権利を渡すとか、クラブが財源を確保する方法を考えることが先でしょう。

「秋春制」に移行された場合、12月や1月、2月といった雪の降る季節にもリーグ戦を行わなければいけません。雪国のクラブは冬の間、ホームタウンで試合ができなくなる可能性が高まります。その場合は別の場所で試合をすることになるのでしょうか。たとえばJクラブのない宮崎や高知に第2のホームタウンを作る、というように。地域密着の理念は遠くに行ってしまいます。

高校サッカーなどアマチュアのサッカーカレンダーも作り直さなければならなくなります。3月に卒業する高校生はシーズン途中にクラブに加入することになります。アマチュアクラブからJリーグへ移籍するのだって、カレンダーが違えば難しくなります。トップの組織をずらしたら下の組織もずらさないと意味はありません。

日本のサッカーのプラスになるための根拠があればいいでしょう。でもお金もない、出ていく選手も来る選手もいないのであれば、「秋春制」に変えるメリットは見出せません。欧州を目指すのは構わないけど、日本が変わってアジアの他国が変わらなかったら日本は浮いてしまう。ACLだってスケジュールの再調整が必要になりますから。

日本が独自に変えるのではなくて、変化を考えるのであれば、まずはアジアの他国と話すべきでしょう。

ナビスコカップ優勝の大分。Jリーグも優勝して革命を！［'08　11／10］

11月1日に行われたナビスコカップ決勝では、大分が清水に2－0で勝ち、初優勝を飾りました。シャムスカ監督は、自分のチームの素材＝選手を分析して、これしかない、という戦い方ができるチームを作り上げました。FWウェズレイ、MFエジミウソンとMFホベルトのブラジル人3人の存在が大きかったですが、MF金崎（夢生）とか、DF森重（真人）といった若くて勢いのある選手もいて、組織的かつ厳しい守りをしています。そして九州のクラブで初めての日本一に。とても意義のあることです。

ただ、ナビスコカップのステータスを考えると、この優勝から他の地方クラブが学べるところは多くはありません。大分が優勝決定時に見せた喜びの大きさも分かりますし、クラブの歴史にとっても大きな初タイトルだったことも十分分かります。ただ、ナビスコカップは各チームが優勝するための取り組みをしているか、というとそうとは言い切れません。

リーグ戦に備えてメンバーを落としたり、大会自体が日本代表の合宿中に試合を行ったりもしていました。だからハプニングが起こりうる。タイトルを取ったのは大分ですが、大分が最強チームだったかというと、決してそうとばかり言い切れないのです。

ナビスコカップの優勝だけでは実力的な評価はできません。11月6日に日本代表メンバーが発表されましたが、優勝した大分からは1人も代表に選出されませんでした。

大分は今シーズン開幕前にMF梅崎（司）、DF福元（洋平）と主力級が移籍した中、結果を残しました。そういう意味でも大分がナビスコカップで勝ったことは評価されることです。

でも依然として、Jリーグの順位がスポンサーの大きさによってほぼ決まっている事実に風穴を開けるには至っていません。地方のクラブがJリーグの歴史を変えた！　と騒ぐためには、大分がリーグ戦で優勝してみせるしかないのです。

なりふりかまわず臨んだカタール戦快勝の理由［'08　12／1］

11月19日、ワールドカップアジア最終予選。日本代表はアウェーでのカタール戦を3－0で勝ちました。

冷静に試合を分析すると、カタールのGKとDFには大きな不安がありましたね。田中達也が決めた1点目はGKが股間を抜かれたゴールでしたし、玉田（圭司）のシュートはほぼ正面でした。オーストラリアクラスのGKならば、まず入っていなかったでしょう。DFも簡単に後ろを取られすぎていました。

それでも3－0というスコアで勝ったことは結果としては大変評価できると思います。このグループではオーストラリアの力が抜けている。カタールに負けて最悪の状況で次のオーストラリア戦を迎えることにならなかったという意味でも、とても貴重な勝ち点3でした。

今回の試合は、チームに危機感が感じられました。だからこその快勝でしょう。岡田監督のクビがかかっていたから、みんな必死。日本のほうが、「勝ちたい」という気持ちが表に表れていたと思いますし、だからこそボールを追いかける時間も長かったのです。

日本が自陣に引いて守ってカウンター攻撃する戦術を選んだから、日本のFWは相手の1・5倍以上走っていましたね。ディフェンスに戻って相手を挟み込んで、また攻撃で走って、と。暑く湿気もある6月に同じようなサッカーをやっていたら間違いなくパンクしていたでしょう。日本はそれくらい走り勝っていました。

カタール戦で負けていたら、予選突破の可能性はほぼ消滅していたと思います。メディアも今回は厳しい記事を書いていた。「負けたら解任」「クビだ」なんて見出しはオシム監督のときには見ることはありませんでした。でも、久しぶりにいっぱい出ていた。荒療治みたいなもので、このプレッシャーもチームの危機感となって、いい方向に働いたと思います。

カタール戦で日本がやったのはナビスコカップで優勝した大分のサッカー。それで勝ちました。守って、守ってカウンターという、弱いチームが強いチームに対してやるサッカーでした。今回は、相手を自分たちと同等以上の力と見たのでしょう。恥も外聞も捨て、勝利に徹したからこその結果でした。

ひとつ言えるのは、日本は前にスペースがないと点が取れないということ。ウズベキスタンみたいに引いて守られたらゴールを破れないという課題は解消されていません。ホームで攻めに来たカタールには「守ってカウンター」が通用しましたが、これはカタールの気温が22度と比較的暑くなかった条件もあったからできたこと。そこまで調べて戦術をチョイスしたのでしょう。が、常に同じような内容のサッカーができるかというとそうではないことは知っておいてもらいたいですね。

監督とは結果を出してナンボですから、勝ったことは二重丸。ただし、まだ強いチームのサッカーはできていません。当事者たちは分かっているでしょうが、アジア相手に〝弱者のサッカー〟でしか勝てないようでは、まだまだ世界で戦うレベルには至っていないということです。

日本サッカーは変わっているようで何も変わっていない【'08 12／10】

Ｊ１は最終節までトップにいて有利だった鹿島が勝って首位をキープ、優勝を決めました。昨年同様となった鹿島の優勝。なぜ鹿島は連覇できたのでしょうか。

鹿島はＡＣＬで負け、ナビスコ杯も負け、天皇杯も負け。リーグ戦で勝つしかありませんでした。タイトルを狙えるのがリーグひとつしかありませんでした。日本代表のレギュラーは内田（篤人）のみ。小笠原（満男）のケガもあり、飛び抜けた強さを発揮したというわけにはいきませんでした。それでも鹿島には、チームが一貫して築いてきたブラジル式の揺るがないコンセプトがありました。

過去の監督はエドゥー、トニーニョ・セレーゾ、オリヴェイラら、ほぼ一貫してブラジル人。外国人選手も常にブラジル人で、コーチも選手の体のケアをするトレーナーまでブラジル人です。浦和やG大阪などのライバルが連敗したときにすぐ立ち直れなかったのに対し、鹿島が長期にわたって安定したチーム環境を保っていたことが、大崩れしなかった理由でしょう。

マルキーニョスや岩政（大樹）、内田など主力選手が昨年と変わらなかったのも大きかったですね。そして最後の3試合は全部1－0。展開によっては負けていたかもしれない試合で勝ち続けたこと、他チーム以上の勝負強さを備えていたことで、リーグタイトルを勝ち取りました。

一方で浦和はドイツ人監督にブラジル選手。海外クラブでもよく見られる組み合わせですが、両者の間の意思疎通はいかほどだったのでしょう。

それまでチームの柱だったエースのワシントンが出ていって大きく変化した戦い方、環境に対し、高原やエジミウソンといったワシントンと違うタイプのエース候補を連れてきました。コミュニケーションが取れなかったのか、最後までうまく対応できなかった印象です。

選手が替わったうえに監督も開幕直後に代わりましたね。バタバタしたままスタートしたチームは、一度は立て直しかけたものの、終盤戦で一度リズムを崩すと止まりませんでした。

シーズンの中で苦しい時期はどのチームにも訪れたはずです。そこで我慢できなかったチームは後退していきました。そういう意味ではピクシー（ドラガン・ストイコビッチの愛称）が来てモチベーションが上がっていた名古屋も終盤、もったいない形で勝ち点を落としてしまいました。ケガ人や出場停止選手が発生したときに、選手層の薄さが露呈されました。ただ、選手層の薄さは名古屋だけの問題でなく、Ｊリーグ全体の問題でもあります。

一因として考えられるのが日本経済の不景気です。日本経済の不景気がＪリーグに大きな影響を与えています。Ｊ２へ降格した東京Ｖの柱谷（哲二）監督が最終戦後の記者会見でクラブの資金問題を厳しく指摘するなど、金銭面についてフロントと石の投げ合いを繰り広げました。

磐田にしても、ドゥンガやスキラッチを獲得したときのような資金力はありません。満足な補強ができず、入れ替え戦圏内まで順位を落としてしまいました。サッカーバブルがはじけて以降は同じような状況が続いています。つまり、Ｊリーグの理念である地域密着ではなく、選手獲得は資金面の影響＝企業の経営状況に左右されているということです。この状況を見ると、日本のサッカーは日本サッカーリーグ（JSL）時代と何も変わっていないと思ってしまいますね。

U-20ワールドカップもオリンピックにも出られない［'08 12／20］

'08年が終わり、間もなく'09年が始まろうとしています。'09年に行われる世界的なサッカーイベントはコンフェデレーションズカップとU－20ワールドカップですが、日本はどちらにも出場することができません（その下の世代、U－17ワールドカップ出場権は獲得）。

特にU－19代表が11月のアジアユースで韓国に0－3で負けた試合は、はっきり言ってショックでした。全く攻撃を仕掛けることができていないうえに、守れなかった。見ていて恥ずかしかった。それくらいショックな試合でした。

日本に勝った韓国が強かったわけではないんです。日本に完勝した韓国は準決勝でウズベキスタンに負けました。そのウズベキスタンだって決勝ではUAEにかないませんでした。今回の結果から感じたのは世界はおろか、アジアも遠くなってきているということです。ですが、世間では全く危機感がもたれていないように見受けられます。

'12年のロンドンオリンピックを目指す世代が、将来へ向けた経験ができないことは間違いなく大きな問題です。UAE、ウズベキスタン、韓国、オーストラリアとアジアの他の国々が世界と真剣勝負をするのに、日本は親善試合くらいしかすることができないのです。

また、敗退したことでU-19代表の牧内（辰也）監督は退任し、A代表の岡田監督の下で'12年のロンドンオリンピックを目指すことになったようです。ですが、監督だけ代えても強化スタッフのメンバーを替えなければ、中身が変わるはずもありません。現場を替えることだけで批判をかわそうとしているのがよく分かります。

兼任する岡田監督にしてもA代表でアップアップの状態なのに、その中でオリンピック代表も指揮できるとは到底思えません。ボクは岡田監督にはA代表だけに集中してほしいですね。

それに岡田監督がワールドカップ予選、そして'10年のワールドカップで結果が出なかったら、どうするんでしょう。岡田監督がワールドカップのグループリーグで負けて解任されたとしても、その2年後のロンドンオリンピックで岡田監督に指揮させるつもりなのでしょうか。とても将来を見通した人事だとは言えないですよね。

今年はオリンピック代表が北京オリンピックで3戦全敗。そしてU－19代表がU－20ワールドカップの出場を逃す、と失敗が続きました。日本はこれからその失敗した世代で'12年のロンドンオリンピックを目指すことになります。

ただ「牧内監督でダメだったから、監督には岡田監督を置こう」と思っているのであれば、それは違います。強化部の人たちが辞めないのであれば、牧内監督にも最後までやらせるべき。とにかく、強化部が自らのクビをかけてやるという必死さが感じられません。負けても負けても立場が変わらなければ、選手と同じく競争が生まれない。危機感が募らない。つまり、強くなるはずがない。この理解できない状況はいつまで続くのでしょう。

正直な話、今のままではロンドンオリンピックは結果が見えています。15年ほど前までは、ワールドユースにもオリンピックにも出られない時代がありました。その時代に戻ったという危機感を持たなければいけません。10代の前途有望な選手が出てきていない今、ここ数年当たり前のように出ていたオリンピックやU－20ワールドカップへの出場も、どんどん困難になりますよ。

企業の「派遣切り」は他人事じゃない〔'09 1／10〕

'09年が始まってすぐになんですが、日本のサッカーは不安ばかりです。大晦日には横浜FMの親会社の日産自動車が経営権放棄を検討しているというニュースが流れました。株式の保有率を現在から大きく引き下げることを検討しているようですね。

この話をはじめ、Jリーグは最近予算カットに戦力カットのニュースばかりが目立ちます。一シーズンを通してレギュラーだった選手でも、年俸が高いという理由で簡単にクビを切られています。

クラブが高額年俸の選手のクビを切るのは、最近ニュースになっている、企業が派遣社員を切る「派遣切り」と何の変わりもありません。Jリーグは地域密着の理念に反して企業に依存せざるを得ないクラブばかりですから、景気が良くなればチーム運営も好転するのかもしれません。でも昨今の世界的恐慌の中では、いつ破綻するクラブが現れてもおかしくはない状況です。

日本サッカー協会やJリーグの本部自体は黒字運営で儲かっているようですが、現場は苦しい運営をしているクラブばかり。その中で日本サッカー協会は、寒冷地にあるクラブの訴えを無視するかのように秋春制へ移行するなどの議論をしています。

冬季開催でスタジアムにやってくるサポーターが減れば、よりクラブ運営が厳しくなるのは明白。それで煽りを食うのは選手とサポーターです。お上と現場との感覚がこんなにバラバラでこれから先大丈夫かなと、不安は大きくなるばかりです。

さてそんな'09年最初の試合が1月1日の天皇杯決勝。結果はG大阪が優勝しました。'08年シーズンの最後の試合ということで、みんなの印象に残る試合となったのではないでしょうか。

延長後半から出場した播戸（竜二）が決めた決勝ゴールで劇的な試合だったようにも映ります。ですが、決勝を戦ったG大阪と柏がリーグ戦で何位だったのか、ということを忘れてはいけません。リーグ戦8位のG大阪と11位の柏の決勝というのは、ハイレベルだとは言えないでしょう。やはりリーグ優勝した鹿島や2位の川崎F、3位の名古屋などが勝ち上がらなければならなかった。

優勝すれば33年ぶりだった柏はよく決勝進出したと思います。切り札はケガ明けの李（忠成）と運動量の少ないフランサ。90分間走れない選手を軸に勝とうという〝博打《ばくち》〟で優勝できるほど、甘くはなかったですね。

G大阪は、決勝で負けていたら、せっかくチャンピオンになったACLの出場権を失うところでした。遠藤（保仁）や二川（孝広）らケガ人がいる中で、こちらもよく戦い、勝ったと思います。ただボロボロの遠藤を最後まで使わなければ勝てませんでした。

CWCでマンチェスター・Uから3点取ったときは各メディアから「世界に近づいた」と報道されていたG大阪ですが、さあ天皇杯を戦ってみたら準決勝の横浜FM戦も決勝も延長戦に。相手はJリーグで9位の横浜FMと11位の柏です。その相手に延長戦。勝ったとはいうものの、これで本当に世界に近づいたのか、という疑問符がついてしまいました。

現在の高校サッカー界から「怪物」が生まれないワケ［'09 1／20］

全国高校サッカー選手権は広島皆実高校が初優勝しました。組織的なサッカーで勝った広島皆実でしたが、決勝で彼らが上手く見えたのは鹿児島城西の守りを考えると当然かとも思います。守備力に大きな差がありましたからね。

今大会は昨年に比べて得点数が多く盛り上がった印象ですが、大味な試合が多かった。國學院久我山が2試合連続で7点（7－1松山北、7－1那覇西）取った後に前橋育英に完封負け（0－1）したように、レベルの高さを印象付けさせてはくれませんでした。

言い方は悪いですが、優勝した広島皆実にしてもJリーグに行く選手はひとりもいません。サンフレッチェのジュニアユースからユースチームに上がれなかった選手たちが中心のチーム構成でした。

そんな彼らが高校で努力して成長して日本一を獲得したことは素晴らしいこと。だけど、彼らより「個」の能力が上と認められて昇格した広島ユースの子たちはこの選手権に出ていないことも事実。だから選手権は高校サッカー部のナンバー1を決める大会ではあるかもしれませんが、高校年代のナンバー1を決める大会とは言えません。

広島皆実が優勝したことで、クラブユースの子たちも選手権に出られるような改革をすることの必要性を改めて感じましたね。

鹿児島城西の大迫（勇也）にしてもそう。10得点を取って一大会の最多得点記録を更新しました。ですが、Jリーグのクラブユースにいい選手たちが流れてしまっている現在と5年前、10年前の記録を単純比較することはできないでしょう。

大迫は確かに「今大会の怪物」ではありました。だけど「年間を通しての怪物」とは言い切れません。彼は全国総体でも得点王にはなっていますが、4得点（4試合）では特別とは言えません。そして全日本ユースでは優勝した浦和ユースに完封負けしています。この結果を踏まえて考えると、今回の選手権の活躍だけで高い評価をすることは、早計すぎるでしょう。

昨秋アジアユースで韓国に完敗したU－19日本代表にも入っていません。つまり、あくまで「高校チームで争われた」大会での活躍、だと分析すべき。鹿島で1年目から試合に出て、マルキーニョスや興梠（慎三）らとのポジション争いに勝って、初めて「怪物」と言えるのではないでしょうか。

ここのところ、高校サッカーから大物選手が育たなくなっているのは、改めて問題視すべきだと思います。ボクはJリーグのクラブユースができたことによる選手の分散化、そしてプリンスリーグができたことによる弊害が出てきたのではないかと考えています。

今は一番有能な選手は地元のJリーグのクラブユースに進む傾向が強まり、高校の強豪校へ進むのはユースレベルで2〜3番手の子。結果、強豪校のチーム内競争も激しさが減って怪物を生む素地が少なくなってきた、と考えられます。

また、'03年に関東や関西、東海と各地域でスタートしたプリンスリーグの存在も無視できません。たとえば関西だとG大阪ユースと滝川二、野洲など地域のトップ数チームが公式戦を行っています。一見切磋琢磨しているようで、逆に全国的な強豪同士が戦う機会が減ってしまいました。

昔ならば、各地で年中高校サッカーフェスティバルが行われていました。そこに国見がバスで駆けつけてきたり大学生が混じったりして、レベルの高い大会が各地で何回も行われていたものです。全国トップレベルのチーム同士が試合を繰り返すことで選手たちは鍛えられていた。でも現在、プリンスリーグ開催中は限られた地域の中の強豪としか戦うことができなくなりました。

また日本サッカー協会のライセンス制度で、指導者は同じ〝教育〟を受けてきました。だから全国北から南までどのチームも同じような練習法が普及した。その結果、どのチームも同じようなスタイルのサッカーをするようになってきてしまいました。

徹底的にボールをつなぐ井田勝通さん（静岡学園前監督）や、攻めて攻めて選手を鍛える城雄士さん（四日市中央工前監督）が作ったような個性あるチームも、なくはないですが、少なくなったと感じます。チームごとの個性が失われれば、飛び抜けた選手も生まれにくくなります。

そして強豪校の多くは人工芝の練習場を与えられて比較的不自由のない寮生活を送っている。全部が全部、そうだとは言いませんが、以前より確実にサッカーをする快適な環境を与えられるようになりました。それが逆に突出した才能を持った選手を出なくさせているのかもしれません。与えられてばかりでは、特にこの世代で必要とされるハングリーさは絶対に出てきませんからね。

芸を覚える前の動物にえさを与えても芸は上達しない。それと同じです。今の高校サッカー界から日本サッカーにインパクトを与えるような「怪物」は出てこない、というより出てきにくい条件が増えてきていると感じます。

テレビ放映のなかったバーレーン戦で敗戦。痛手は大きい［'09　1／30］

日本代表は1月28日のアジアカップ予選でバーレーンに0－1で負けてしまいました。昨年11月のワールドカップ最終予選のカタール戦では、負ければ監督がクビという状況の中で、すごく気持ちの入った試合をやって、3－0で勝ちましたよね。あのときのような気持ちで試合に臨んでほしかったのに……。

でもいいところのないまま完封負け。カタール戦では感じられた「絶対に勝たなきゃ」という気迫を、今回は感じることはできませんでした。快勝したカタール戦は相手のGKやDFのミスで3点入ったことを忘れてはいけません。A代表はその事実を取り違えて「自分たちは強い」と勘違いしてしまっていたのでしょうか。

ケガ人がいたことや欧州組がいなかったことは理由にならないでしょう。負けは負け。日本のレベルはこれくらいしかない、ということを改めて認めないといけません。

実際問題として、選手たちはワールドカップ予選（2月11日）の〝オーストラリア戦の準備〟という感覚で試合に入ってしまったのではないでしょうか。残念ながら、一度負けた相手に同じアウェーでリベンジしよう、という気概も感じられませんでした。

バーレーン戦は日本代表のプライドを懸けて絶対に勝ってほしい試合だったんです。なぜだかお分かりですか。この試合は放映権の問題で日本の地上波、衛星中継ともに生放送がなかったからです。

新聞を読むと、

「(海外の代理人に)法外な放映権料をふっかけられた」

という日本のテレビ局側のコメントが書かれていましたが、こんなことは過去10年間全くなかったことです。もし高い放映権料を提示されていたとしても、テレビ局側が払わないことなんてありませんでした。だからこそA代表は、勝って、

「俺たちはこんなにおもしろい試合をするんだ!」

とテレビ局に放映しなかったことを後悔させるくらいの試合を本来しなければならなかったはずです。

でも結果は「0-1」。テレビ局には、

「わざわざバーレーンにまで行かなくて良かった」

と思われたかもしれません。はっきり言ってこれでは問題はより深刻化します。

テレビ放映権料を払わせるために〝営業〟すべきはチーム自身なんです。これまでは当た

り前のように代表戦が放送されてきましたが、これはテレビ局やスポンサーがすすんで投資してくれたからこそ。今のような世界的不況の中で、気の抜けたような試合をしていたら、中継はどんどん減っていくでしょう。

今回はインターネットでの中継があって315円を払えば見ることができましたが、今回のような見るべきところのない試合をしていたら、次からは誰も見なくなってしまいますよ。

魅力がないと、メディアは報道してくれません。'98年のフランスワールドカップや'02年の日韓ワールドカップの頃の異常なサッカー人気の盛り上がりの恩恵が日本では続いていました。でも今や代表戦の放映権について、テレビ局が争奪戦を繰り広げるような時代ではなくなってきました。

「代表戦の放映権は高い」という考え方は、つまりは、日本代表にお金を払うだけの魅力がないということです。だからテレビはもちろん、お客さんにもお金を払って見に来てもらうため、魅力のあるチームにならないといけません。

オーストラリア戦を勝つことで得られるメリットは大［'09　2／10］

日本代表の2月4日のフィンランド戦は5－1で快勝という結果になりました。岡崎（慎司）が2点を取って香川（真司）もゴールを決めたけど、今回のフィンランド代表がどの程度のチームだったかは見る人が見れば分かったでしょう。

あんな大敗を喫してもフィンランドの監督が更迭されることはありません。来日した選手も37歳のリトマネン以外は名前を知られている選手はいません。フィンランドはそれくらいの姿勢で日本に来ていたということです。はっきり言ってメリットは少なかった。

フィンランドがベストメンバーを組まなかったのは大した問題じゃありません。そもそも日本代表だって海外組が出場していないメンバー構成。日本サッカー協会の犬飼会長は、昨年の天皇杯で大分や千葉にベストメンバーで試合をしろって言いました。なのに、ベストメンバーでない今回の代表戦でお客さんやスポンサーからお金を取って試合をするのは矛盾してはいないでしょうか。

ベストメンバーでない試合をしておきながら、

「オーストラリア戦へ向けて盛り上がってきた」
と言っています。ボクはもっとお客さんやスポンサーを大事にしたほうがいいと思います。正直、海外組を招集してもそれで劇的に日本代表チームのレベルが向上するわけではありません。でも、ベストメンバーを組もう、現在考えうる最高の選手を集めよう、という姿勢は見せないと。お金を払ってくれるお客さんやスポンサーのことを考えれば当然やるべきです。

今回の快勝はチームに勢いをもたらすかもしれません。でも、オーストラリア戦に向けて今回の勝利を真に受けてもいけません。

玉田（圭司）のコンディションはイマイチ、GKも楢崎（正剛）と川口（能活）がいないのは不安材料です。日本は予選で一番強い相手を、完璧じゃない状態で戦わなければいけません。

海外組も直前の合流だったし、ぶっつけ本番での戦いになります。日本はアジアカップ予選のバーレーン戦に負けて強くない、ということが示されました。強くない日本は必死になって戦わないとオーストラリアには勝てません。必死に守ってどう戦うか。今の日本代表はかつての実績を忘れて挑戦者の立場で臨むべきでしょう。

逆に考えると、今回のオーストラリア戦はテレビ放映がなくなるほど落ちた代表の評価をグラウンドでひっくり返す絶好の機会です。競合してでも日本代表の試合を中継したい、とテレビ局に思わせるためにも、結果が求められます。選手、関係者はオーストラリアに勝つことが人気回復のためにもどれだけ大事か、考えて試合に臨んでほしいですね。

ドローのオーストラリア戦。日本は本当に攻めていたか［'09 2／12］

ワールドカップ最終予選の大一番。日本はホームでのオーストラリア戦を0－0で引き分けました。……残念ですが、これが現実です。

ウズベキスタン戦（'08年10月15日）に続いてホームで2戦連続引き分け。そのチームが、岡田監督の言う「世界で4位になる」のは明らかに苦しいでしょう。今回の試合で誰が目立っていたでしょうか。遠藤（保仁）の動きは鈍かったし、（中村）俊輔は孤立。玉田（圭司）は仕事ができなかったし、田中（達也）は陸上選手みたいに走っていたけど、シュートを打てませんでした。予選グループ1位でワールドカップに行けるかどうかを考えると、物足りない低調な結果に終わりました。

日本は攻めていなかった。引き分けた試合後に選手たちは、

「試合を通して攻めることができた」

とコメントしていました。確かに後半の途中からは相手のゴール前まで行く機会が増えていました。でも本当に日本は攻めていた、と言えるのでしょうか。

攻め込むというのは相手ゴールを「脅かす」ということ。オーストラリアに必死の守りをさせることができなかったのであれば、日本が攻めていたとは言えないでしょう。はっきり言って、後半25分の遠藤のシュート以外はゴールの期待は感じられませんでした。

直前のフィンランド戦で5点を取った攻撃陣も、対戦相手の質が変わったら結局点を取ることができませんでした。3点取ったカタールやフィンランドのGKならコースの甘いシュートでも入るかもしれませんが、オーストラリアのGK（マーク・シュウォーツァー）レベルになると入らなくなります。

日本は引き分けで御の字というところ。長身の巻（誠一郎）を投入したり、ウズベキスタン戦で一度見せた（田中マルクス）闘莉王を前線に入れたりすることもできたはず。

でもリスクをおかしてでも、どうにか1点を取ろうという意欲は感じられなかったということは、そういうことなのでしょう。

オーストラリアはブレット・エマートンやハリー・キューウェルらケガ人がいて、ベストメンバーではありませんでした。ホームの日本にとっては千載一遇のチャンスでした。

日本が非公開で練習したのに対し、オーストラリアは「どうぞ見てください」と公開練習をしました。オーストラリアの引き分け狙いは明らか。そしてその狙い通りのサッカーをしてそのまま引き分け。試合前の記者会見で「負けても問題ない」と話していたオーストラリアチームが、結局勝ち点2差で有利なまま悠々とオーストラリアに帰っていきました。

首位に立つチャンスを逃した日本は、多分最終戦までオーストラリアを上回ることができないでしょう。もしオーストラリアとの最終戦まで勝ち点2差だったとしても、アウェーで勝って逆転できるとは思えません。ホームで引き分け狙いのチームに勝てないのに、アウェーで首位を守るために引き分け狙いをしてきた場合のオーストラリアに勝つというシミュレーションは成り立たないでしょう。

第4章　ワールドカップ

2009年2月〜2009年6月

RESULT & TOPICS

2009-03

28日	2010ワールドカップ南アフリカ　アジア最終予選(埼玉)	日本 1-0 バーレーン

2009-05

27日	キリンカップ2009 ~ ALL FOR 2010! ~ (大阪)	日本 4-0 チリ
31日	キリンカップ2009 ~ ALL FOR 2010! ~ (東京)	日本 4-0 ベルギー

2009-06

6日	2010ワールドカップ南アフリカ アジア最終予選(ウズベキスタン)	日本 1-0 ウズベキスタン 日本、4大会連続4度目の ワールドカップ出場権を 世界最速で獲得
10日	2010ワールドカップ南アフリカ　アジア最終予選(横浜)	日本 1-1 カタール
17日	2010ワールドカップ南アフリカ アジア最終予選(オーストラリア)	日本 1-2 オーストラリア 日本の最終予選順位は 1位のオーストラリアに 勝ち点差5の2位

全クラブがＪ１を目指すことには無理がある［'09　2／21］

現在、Ｊリーグ入りを目標に掲げたクラブが全国で次々と誕生しています。日本サッカー協会やＪリーグはそういうクラブを日本中に作りたいみたいですが、下のカテゴリーのクラブ全てに「トップリーグに上がらなくてはいけない」というような理念はないでしょう。

経営が苦しいのに無理にＪリーグへ昇格して、上がった途端経営が傾いて借金まみれになっているようなクラブがいくつも存在します。Ｊリーグに上がって戦うためには金銭的にもすごく体力がいることなんてちょっと考えれば分かります。なんでＪリーグは「無謀なチャレンジ」をさせるんでしょうか。

チームが勝ち続けてＪリーグへ昇格する。それを夢見るクラブがあるのは当然いいことです。ですがボクはＪ２や日本フットボールリーグ（ＪＦＬ）、地域リーグのクラブとは、選手と監督、コーチが羽ばたくためのものであってもいいと思うんです。世界の考え方はこれが一般的です。

なんで日本だけ、「みんな、上がれ、上がれ」とせっつくのでしょう。協会やＪリーグは、誕生したチーム全てに「トップリーグへ来い」と言っているように受け取れますが、もしその通りならばその理念は間違っています。

構造的には、日本中のクラブ全てにJリーグへ上がるチャンスがあります。が、イタリアのセリエCのクラブ全てがセリエAを狙っているなんて聞いたことがありません。セリエCのクラブの多くはセリエAのクラブに選手を送り出すということにステータスを感じてやっています。イングランドではディビジョン3とか4のクラブへ行ったら、まだ木造のスタンドや立ち見席のあるようなグラウンドでサッカーをしています。でも選手たちはプレミアリーグを夢見てプレーしています。

イタリアで言えば、ロベルト・バッジョもアレッサンドロ・デル・ピエーロもセリエCやセリエBから自分の力でフィオレンティーナやユベントスへと移籍していきました。クラブもそのサポーターも自分たちのクラブからそういう逸材が出たと喜びを感じるんです。

でも日本では選手のステップアップではなく、クラブごと上のカテゴリーに上がろうとします。元日本代表の超ベテラン選手がJ1からJ2やJFLに移籍した、っていうニュースはよく聞く一方、下のリーグに所属する逸材がJ1に上がったっていうニュースはあまり聞きません。

元日本代表の藤田（俊哉、名古屋→ロアッソ熊本）や田中誠（磐田→アビスパ福岡）がJ2に行く一方で、C大阪の香川（真司）や乾（貴士）が鹿島や名古屋など今のJリーグの強豪クラブへ行くのなら分かります。ですがJ2のC大阪にまだいる。

クラブで活躍して日本代表に呼ばれるまでした選手たちがまだ下にいます。なぜなんでしょう。クラブが上がらなかったら、高いレベルでサッカーができないのでしょうか。

金銭的に苦しいクラブは若手の選手を〝買う〟か〝育てて〟活躍したら〝売れば〟いいんです。それで資金をうるおそうという考えが日本のクラブにはありませんね。世界中でやっているのになぜ日本だけやらないのか、甚だ疑問です。それが日本のサッカー界の底上げになると思うのですが。

中村（北斗、福岡→FC東京）のような例もありますが、何年もJ2にいるクラブでひとりもJ1クラブへ選手を供給していないところは、J2として、サッカー界に対して、ひとつも貢献していないという自覚を持ってほしいです。ユースの子をサテライトに上げるだけじゃ機能しているとは言えないんです。

世界でやっていることに当てはめれば、Ｊリーグ全体としてはＪ２からトップであるＪ１へ上がってほしいのはクラブでなくまず選手。Ｊ２やＪＦＬは、まずはどんなスタンドがあるかどうかのところで地域と密着して等身大でやっていけばいいんです。

上のカテゴリーが欲しいのは選手であって、必ずしもクラブ全体ではないはず。本当に力があって、上のカテゴリーへ上がることができるクラブは自然とＪ１に登りつめます。地元にプロチームをつくろう、と頑張るのは素晴らしい理念ですし、クラブ側が「将来的にＪ１参入を目指す！」ということも目標が大きくて結構。

でもそれと「全チームＪ１へ上がれ」は違います。あたかも学校で、「全員東大へ上がれ！」と言っているようなものですよ。「3年B組、全員東大！」って（笑）。クラブも学校も同じです。各集団の中からひとりが上に羽ばたけば、それがステータスになり、次へのとっかかりになることに気づいてほしいですね。

Ｊリーグの競争激化なくして代表の成長は望めない〔'09　3／20〕

'09年のＪリーグが7日に開幕しました。いいスタートを切ったクラブがある一方で、ＡＣ

Lの試合も挟んでいいスタートを切れなかったクラブもあります。

日本から4チームがACLに出場するというのは今シーズンが初めて。スケジュール的に厳しくなったクラブが増えた中、昨年王者の鹿島が新潟に負けたり、昨年2位の川崎Fがヴィッセル神戸に負けたりと波乱の多いスタートとなりました。

好スタートを切ったチームを見てみると、外国人選手の補強が上手くいったチームが多かったようです。レアンドロ（前神戸）を獲得したG大阪、大宮から入ったペドロ・ジュニオールが活躍している新潟、そして開幕戦2ゴールを決めたダヴィ（前札幌）のいる名古屋もそう。

今後も外国人補強が当たったかどうかだけで順位が大きく変わる可能性がある。逆に言うと、日本人選手でインパクトを残しているような選手が見当たらないのが心配です。

開幕戦ではJ2からJ1に上がってきた広島が横浜FMから4点、モンテディオ山形が磐田から6点を取って勝ちましたが、これはJ2とJ1の力の差がそれほど開いていないことを示しています。開幕戦だけで判断するのは時期尚早ですが、下位と上位との差が詰まって、Jリーグは大きな団子になった感があります。

ただ、これは下位クラブのレベルが上がってきたというわけではありません。世界的な経済不況によって、上位にいたチームがお金をかけた補強をすることができず、戦力がカットされてきたから。それによってチーム力が均衡化されてきたと考えられます。

開幕前にあれだけ話題となっていた10代の選手も目立ってきません。鹿島の大迫（勇也）はＡＣＬでゴールを決めたけど、リーグ戦では大迫も浦和の原口（元気）もスポーツ新聞の記事の割合は一気に減ってしまいました。

開幕前に期待された変化、新鮮さは今のところ、ないと判断せざるを得ません。10代の選手がＪリーグで活躍したっていうニュースは小野（伸二）以来見ていない、そんな気すらします。何年もの間10代の選手が話題にならず、外国人頼みの傾向が強まっているのが現在のＪリーグでしょう。

ボクは日本人選手のレベルを引き上げるために、Ｊリーグの外国人出場枠を撤廃すべきだと思っています。今は外国人ＦＷに日本人ＦＷが押され気味ですが、そういった切磋琢磨がもっとあっていい。日本人ＦＷだって手をこまねいて現状に甘んじているわけじゃありません。いつか突出したＦＷに成長する選手が出てくるはず。このように、レベルの高い外国人選手と国内選手とが競争することでリーグや国内選手のレベルが上がるということはヨーロッパが証明しています。

たとえば、昨年のEURO2008で優勝したスペインのリーグはイタリア、オランダ、ポルトガルなどEU(欧州連合)に加盟している国の選手に関しては無制限でリーグ戦に出場することができます。加えて、ブラジルやアルゼンチンなどの南米やアフリカなどEU圏外の国籍の選手も3人までが同時に試合に出ることができます。

バルセロナもR・マドリーもレギュラーの半数以上は外国籍の選手です。そういう厳しい環境でレギュラー争いを日常からしているから、ヨーロッパタイトルを取ることができるまでスペイン人選手のレベルは引き上げられたと言えます。

それに対して日本は〝本物〟じゃない人までJリーグの試合に出場するチャンスができています。J2のクラブが昨年から3チーム増え、今やJリーグは36ものクラブがあります。これだけチームがあれば、実力がなくても試合に出られてしまいます。

でも外国人枠を撤廃すれば、日本代表でも試合に出られないような選手が増えてくるんじゃないでしょうか。クラブによっては8人、9人もの外国人を抱えるチームも出てくるでしょう。資金の乏しいクラブは日本人選手だけでもいいと思うけど、試合に出る11人が激しくレギュラーを争うところがあってもいいのではないでしょうか。

何年もいい選手が出てきていない今、強い国のマネをするなどの柔軟性がないとレベルアップしていくことはできません。日本人が欧州トップリーグに移籍してもあまり試合に出られていないのだから、それなら国内リーグのレベルを上げて、そこで力をつける。資金面が苦しいのであれば、せめて外国人枠を撤廃して競争を活性化させる。それがクラブ、ひいては世界に近づくために今できることかと思います。

成長にはリスクが必要。リスクをおかす勇気を持て［'09 3／30］

日本代表はワールドカップアジア最終予選（3月28日）、ホームにバーレーンを迎え1－0で勝ち点3をあげました。同じ日にカタールがウズベキスタンに負け、グループ首位に立った日本とグループ3位のウズベキスタンとの勝ち点差は7。ワールドカップ予選突破（グループ上位2チームが該当）へ向けて断然有利になりましたね。

ワールドカップ予選はまず結果が重要だから、勝ち点3をしっかり上積みしたことは大きいです。

ただし、毎回おなじみの「ただし」ですが、バーレーン戦では勝ち点3を取ったこと以上の喜びは今回もありませんでした。相変わらず引いてゴール前で守ってくる相手を突破することができていません。

後半2分に得点した後は相手が前がかりになってきていたので、カウンターでチャンスを作ることができていました。ですが、こういった展開はいつも通り。結局得点はセットプレーの1点だけでした。(中村)俊輔のFKが入っていなかったら、あの後ゴールできていたかどうか……。

勝ち点3をあげるということは簡単なことではありません。それができたことで満足していいかもしれない。しかし、日本サッカーに変化、進化が見られないのです。今言ったようなことを、ボクのみならずサッカー関係者に何年言われ続けているのでしょう。

ボクはウズベキスタンがカタールから4点を取って勝った試合もテレビで見ましたが、ウズベキスタンが積極的にミドルシュートを打っていたのが印象的でした。昨年10月の日本戦では守りを固めることばかりだったのに。えらい変わりようです。

この日のウズベキスタンのように普通、ホームとアウェーとの戦い方は違ってきます。でも日本の場合はホームもアウェーもほぼ同じ戦い方。明らかに攻撃的な試合をするというわけでもないし、その意識も低い。基本はリスクをおかさないというのが鉄則のように見えます。

攻撃のテンポが同じで交替選手も松井（大輔）らいつもの顔ぶれ。彼らも個性を活かせればテンポを変えられるのでしょうが、それには相応のリスクが必要です。リスクをおかさないことを前提としていては、個性も出ない、つまりテンポは変わりません。

バーレーン戦も守りを固められてなかなか得点できませんでしたが、ひとつの戦い方しかできないチームは研究されるといずれ手詰まりになって、勝つことができなくなる日がやってきます。

これまでと同じようにセットプレーからの得点で何とか勝ったという内容ではチームが成長しているようには思えません。岡田監督はチームが成長していると言いますが、チームがまとまっていくことを指しているのだとしたら、それは成長というより熟成です。

成長しているというのは新しい選手が出てくることを言うものです。そして新しい攻撃のパターンが出てくることを言うものです。今の日本からはどちらも感じられません。

今回のバーレーン戦へ向け、20歳の金崎（夢生）や代表復帰の矢野（貴章）を招集しましたが、結局試合を見てみたら彼らはベンチ外でした。新しい選手を練習のためだけに呼んでいる。まだ試合で使うに至っていないと判断したのでしょう。

もちろん最終予選を戦うのに甘さがあったら使えない。でも、いくら新しい選手を呼んできても試合で使わなければ、これまでと何も変わりません。「この選手は戦える」という判断、そして試合に使う勇気。それもリスクのひとつ。今の日本代表はプレーでも采配でもリスクをおかせないのが前提になってしまっています。

ワールドカップ予選でチームとしての結果を出していることは、間違いなく評価されるべき。でもそれはチームが熟成しているのであって、この先世界と戦うことになった場合に必要となる成長が見られません。レベルを伸ばすためのリスク、それをおかす勇気がこの先どこかでわかないと、チームの成長は運任せになってしまいますよ。

世界に近づくには日本サッカー関係者皆がプロに徹するべき［'09　4／11］

3月28日のバーレーン戦に勝ったことで、日本代表は次のウズベキスタン戦（6月6日、アウェー）に勝てば来年のワールドカップに出場できるところまでこぎつけました。まずはワールドカップに行くことが大事ですけど、ボクはもしワールドカップに出場することが決まったら、すぐにその先のこと、世界に勝つことを考えるべきだと思います。

岡田監督が日本代表をワールドカップに連れていくことができれば、多分日本代表は岡田監督のままワールドカップに臨むことになるでしょう。

でもアジア予選で勝った岡田監督のまま戦った'98年のワールドカップは3戦全敗でした。最近では'04年のアテネオリンピックも、'06年のワールドカップも、そして昨年の北京オリンピックも、日本代表は予選と同じ監督で戦ってグループリーグで負けています。

ボクは過去の失敗をしっかりと反省するべきだと思う。予選で勝ったら無条件で岡田監督続投なのではなくて、外国から監督を呼ぶとか、本大会に向けてしっかりと体制を見直してから南アフリカで戦う監督を決めるべき。その分析の上で岡田監督の続投という結果が出れば納得もできます。

ただ、変化を期待することはできそうにありません。なぜなら日本サッカー協会の体質が何も変わっていないから。相変わらず'06年のワールドカップや北京オリンピック時と変わらぬスタッフたちが、人事などを仕切っています。

たとえば昨年の北京オリンピックで3戦全敗した責任は、結局誰が取ったのでしょう。今年のU－20ワールドカップになぜ日本は出られないのか。どこに、何に問題があったのか。現場の監督が辞めるだけで、協会からは反省する言葉や行動が、見えてきません。

ボクははっきり言って彼らから「本当に日本を強くしよう」という意識を感じることができないんです。昨年7月に犬飼さんが日本サッカー協会会長に就任してからもう半年以上が経ちます。

犬飼さんが自分の色を出して改革することを期待していましたが、今のところ何かが変わったという印象はありません。各クラブに女子チームをつくるとか、Jリーグの秋春制だとか口に出しているけど、何ひとつ実現していません。

さらに、日本代表の人気が上がっているとも思えません。前回のコラムでも話しましたが、代表が成長している印象もありません。結局、何も変化していないのです。役員の任期2年なんてあっという間です。役職には本当に仕事をしたい人だけが来てほしい……。

再三言っているように、成果が出なければ、ノルマを果たせなければ〝クビ〟というくらいの厳しさがないと日本は強くなることはできません。それがプロだと。

A代表成長のヒントはU-20世代の強化にある［'09 4／30］

4月20日から22日まで静岡県でU－20日本代表候補合宿が行われました。今回、日本代表の岡田監督が指導したことで、報道陣もすごく集まっていましたね。この世代はU－20ワールドカップ出場に失敗した暗いイメージがありますが、今回の合宿で注目を浴びて、何とかその暗さを払拭できたのではないでしょうか。

今回の合宿は次のオリンピック予選へ向けたチームを〝お披露目〟したようなもの。でも、ボクは5月に開催されるキリンカップへ向けた〝選考会〟まで高めてほしかったですね。

今回話題になったのは、岡田監督が動きの良かった選手たちにポケットマネーから監督賞

10万円を出したということくらい。終わったあとに今回の合宿の目的など、「なるほど」とうならせる説明はありませんでした。話題を提供し、太っ腹なのは伝わったけど、もっと違うモチベーションの高め方や目標を持った、鮮明なビジョンを示してほしかったと思います。

たとえば、

「このU－20合宿から1人か2人をキリンカップのA代表に招集する」

というメッセージがあればより激しい、競争のある合宿になったんじゃないでしょうか。オリンピックに向けてスタートを切った、節目であること以外に何の目的がある合宿だったのか伝わってきませんでしたね。

はっきり言って、今年のU－20ワールドカップ出場がない以上、U－20から選手をA代表に上げなければ、U－20世代を強化するチャンスはないでしょう。せっかくA代表の監督が指導するのだから。3日間もかけて中途半端な〝お披露目〟をやるよりは〝選考会〟にしてほしかったというのはそういう理由です。

来月のキリンカップは海外組も来ない〝親善試合〟になる可能性が高いです。ベストメンバーでないテストマッチになるのなら、今回の合宿から1人でもA代表合宿に呼んで試合に使ってみていただきたい。

これも再三言っているように、もし呼んだとしても試合で使わなければ意味はありません。たとえば原口（元気）とか、今回の合宿にはいなかったけど大迫（勇也）とか強豪クラブでレギュラーとしてプレーしている10代がいます。Jリーグで活躍している選手であれば、10代でも30代でもA代表に上げるべき。多分呼ばないとは思いつつも、Jリーグの連戦前に時間を割いたU－20合宿からピックアップされた選手が、キリンカップの代表メンバーに1人でも入っていることを期待しています。

かつてフィリップ・トルシエ監督は岡田監督と同じようにA代表もU－20代表も見ていました。ただ、トルシエ監督のときは日韓ワールドカップ前で開催国だったためにワールドカップ予選がありませんでした。だから時間的な余裕もあってオリンピック世代も見ることができました。

ですが、ジーコ監督以降はA代表の監督が下の世代を見ることはなくなっていました。岡田監督も来年ワールドカップがあることを考えると、両方を見続けることは難しいでしょう。

それでも、ボクは今回の一回きりではなく、今後もU－20代表をできるだけ集めてトレーニングしていくべきだと考えます。そして、U－20代表からいい選手を発掘し育て上げ、A代表にどんどん引き上げてほしいですし、そうしなければ代表の成長は見込めません。

あと、アテネオリンピックや北京オリンピックでのグループリーグ敗退から考えて、これまでのオリンピック代表に海外で戦う経験値が足りなかったことは明らかです。今後はA代表が忙しく、オリンピック代表と掛け持ちは難しい岡田監督がいる、いないにこだわることなく、積極的に海外遠征を行うなど、これまでにない強化策を打ち出していってほしいですね。

登録25選手制。Jリーグもリストラを行うのか［'09 5／11］

今月に入って、Jリーグが来季から、J1クラブのトップチームの登録選手数を最大25人に制限する方針を固めた、という報道がありました。

現在J各クラブは30人以上の選手を保有していますが、これを大幅に減らして、トップチームにケガ人が出た場合はユースチームから選手を補充するようなシステムになります。若手の出場機会を増やすためという目的もあって導入されるようですが、正直、賛成できません。

この案が導入されると、現在出場機会を失っているプロ2年目、3年目といった選手が一気に所属クラブを失ってしまいます。これはプロ契約選手という〝社員〟を切って、ユース選手という〝アルバイト〟を使うようなもの。

日本サッカー協会の犬飼会長は若手にチャンスをあげたいと話していますが、20～23歳くらいの伸び盛りの若手が25人枠に入れず、結局〝そこそこ計算できる〟ベテラン選手が生き残るような状況になることが予想されます。今回の決定が当初の思惑通りに進む可能性は低いでしょう。

登録人数を絞れば、現在の世界的な不況の中、各クラブが運営のスリム化を行うことが可能になる面はあります。でも、それはリーグなど統括組織が決めるものなのでしょうか。

予算が少ないクラブは自主的に選手数を減らしたり、給料の安い選手でシーズンを戦おうと努力しています。リーグの指示で登録選手を25人に区切って予算に余裕をつくるよりも、給料が安くてもいいと言って集まって一生懸命やっている選手が28人や30人いるクラブ、どちらにより魅力を感じるでしょうか。圧倒的に後者だと思いますが。

Jリーグはクラブ間の資金格差をなくしたいのでしょうか。Jリーグの中には安い給料で獲得した選手を育てて上のクラブへ〝売る〟クラブや、大型補強をしていい選手を25人以上擁するようなクラブもあっていいと思います。これでは単純にアジアのカップ戦に出るクラブは選手層が薄くなって苦しくなるでしょう。規制をしなくても苦しいところは自然と淘汰されていくはずです。

今、各クラブの運営が苦しくても成りたっているのだから、これ以上縮小する方向性を示す必要はないでしょう。これでは一般企業と同じく、景気が悪くなったことを理由としたリストラに過ぎません。

U-20ジャパンズエイトの試み〔'09 5/20〕

日本サッカー協会は5月24日から26日まで静岡県で「U-20ジャパンズエイト」という8人制の大会を行うことを発表しました。大会の主旨としてロンドンオリンピックに該当する年代で、Ｊリーグクラブでの出場機会の少ない選手に経験を積ませるということがうたわれています。ちょっと理解に苦しむところです。

24日にＪリーグの試合がありますが、ベンチにも入らない選手がこのジャパンズエイトに集まるわけです。ベンチ入りするような選手だったら、クラブがこの大会に出場させないでしょうから。いくらオリンピックに関わる若い世代だといっても、クラブで出場機会がない選手を、日の丸をつけた代表強化キャンプに呼ぶ。何か矛盾していませんか。

クラブで出場機会がないのであれば、Ｊ２やＪＦＬへレンタル移籍してまずは経験を積むことが先決なのでは。クラブで出場機会がない、というのはクラブの問題。日本サッカー協会は、若手に経験を積ませるために前からこの事業を考えていたようですが、わざわざ予算を組んでですることではないと思います。

合宿中は実戦を繰り返すのでしょうけど、たった3日間合宿をやったところで選手は何も変わらないでしょう。それぞれ持ち帰る教えもそこまであるとは思えません。

フルコートサイズではないのでゴール間の距離が狭まり頻繁な攻守の切り換えが求められ、かつ人数が少ないぶん1人のタッチ数が増える。その狙いは分かります。おそらくフットサルとサッカーの中間をとった形なのでしょう。ですが、しっかりと意図を説明し、納得させないと中途半端になって得るものを見失ってしまいます。ボクとしてはフットサルのほうが、目的も狙いも、海外での育成例もはっきりしていて役立つと思うのですが……。

あと、U－20日本代表監督も兼ねている岡田監督は3日間この合宿を見るのでしょうか。見るのであれば選手のモチベーションも上がるし、岡田監督がナマで選手を見るというメリットも出てきます。

でも5月27日にはA代表のキリンカップがあることだし、実際は参加できても1日くらいが限度でしょう。ナショナルトレーニングセンターのコーチが指導したりするとして、どれほどの意義がそこにあるのでしょうか。

確かに将来的にここから選手が出てくる可能性はあります。でもそれはこの3日間の合宿の効果というよりは、今後クラブで経験を積む面のほうが大きいのであって、「U－20ジャパンズエイト」という大会が選手の発掘につながるとは、現時点では思えません。ただしこれまでなかった新しい試みであることは事実。将来、いい意味で期待を裏切ってほしいですね。

日本サッカー協会はもっと長期的なビジョンを持ってやってほしいと感じます。カリキュラムを組んで強化しているように映りますが、日本サッカーの本当の病は、今の問題点が〝なんで〟〝何が足りないのか〟を認識し切れていないことです。

ボクは3日間で80人もの選手にかかる宿泊代や移動費を日本サッカー協会が負担することを考えるならば、大迫（勇也）や原口（元気）とか各チームのレギュラー級を集めたU－20日本代表に海外遠征をさせたほうがよっぽど意義があると思います。これまでのユース代表が国際経験不足であり続けたことは明らかなんですから。

ただでさえ現在のU－20年代はU－20ワールドカップ出場を逃して、国際経験を積むことができないんです。ブラジルでよく使われる言葉にもあるけど日本は、

「もっと水の出る井戸を掘ったほうがいい」

ロンドンオリンピックで勝つことを目指すのならば、出るかどうか分からない井戸から選手を探すよりも、まずはトップレベルの選手をもっと強化していくべき。クラブでも出場機会を得られない選手からオリンピック代表選手を見出そうとしているのは、はっきり言ってタネなしでマジックをしようとしているようなものです。

古き良きキリンカップの復活を願う【'09 6/2】

連続優勝はうれしいけど、もはやキリンカップは〝自作自演〟っぽくなってきている感があります。日本は決して強くなっているわけではないんです。サッカーを見てきた人なら今回のチリやベルギーに大勝しても、日本が世界舞台に通じるとは思わないでしょう。

2試合を通じて日本の守りはどれほど試されたでしょうか。アウェーでワールドカップ最終予選を戦う前に国内でこんな試合をして、機嫌よく勢いづかせる以外意味が見出せません。それほど質の低い相手でした。

以前はキリンカップにフランスやアルゼンチンが主力メンバーで来ていた頃がありました。当時とは全くレベルが違ってきましたね。このような相手しか来ないのであれば、日本は毎年優勝できるでしょう。

クラブサッカーの価値が高まった現在、この時期に欧州のトップレベルを呼ぶのは難しくなってきている。それはよく分かります。でも隣の中国はシュバインシュタイガーやラーム、ポドルスキらトップレベルの選手を揃えてきたドイツと強化試合をやっていたんですよ。

今回のキリンカップについてはメディアの報道にも問題があったと思う。

「なんでこの程度の相手としかやらないんだ」

と指摘すべきです。スポンサーがギャラを払っているのに、メンバーが来ていないじゃないか、と主張をしなくては。

なのに日本代表を盛り上げるためかもしれないですが、レギュラークラスのほとんどいない相手をベストメンバーが来ているかのように煽っていました。それで4－0で勝ったら、サッカーを見始めて間もない人は、

「日本代表は強いんだ！」

と錯覚してしまいます。サポーターの見たい試合と代表強化のためのメリット、デメリットを考えないと、いずれ大会の価値がなくなってしまいます。相手がオリンピック代表クラスの選手しか出せないのであれば、日本もオリンピック代表クラスで戦うべきだったとすら思います。

日本代表は本当に〝強化〟試合と言える試合が少ないです。はっきり言って今回の2試合

が強化になったかと言われれば疑問です。スポンサーのために親善試合の数ばかり増やして中身のある試合が全くありません。それも日本代表の大事な仕事ですが、岡田監督は就任してから強いところとほとんど戦っていません。公式戦以外にアウェーの厳しい試合も経験させていません。

これでは国際経験を全く積まないままオリンピックに出て全敗した反町ジャパンと同じ結果になってしまいます。結果代表人気は下落し、スポンサーも離れていってしまう。本末転倒とはこのことではないですか？

キリンカップでまだ強豪と言えるチームと戦えていた10年前、日本代表にはもっと個性的な選手がいたような記憶があります。チームとして一番伸びた時期だとも。それは強化試合として、フランスやアルゼンチン、クロアチアといった強い相手にチャレンジャーとして本当に戦うことができていたからなのではないでしょうか。

ワールドカップ出場！　今こそ過去の反省を活かすべき［'09　6／9］

日本代表は6月6日のウズベキスタン戦に1－0で勝ち、ワールドカップ出場を決めました。よかったよかった。でも、でもですよ、試合は〝やれやれ〟、やっと決まった感じでした。

日本は思っていた以上に苦戦しました。キリンカップでメンバーを落としたチリとベルギーにともに4－0で勝って、勘違いしてしまったのでしょうか。チリやベルギー戦のときのように、ほどほどのスピードで十分勝てるんじゃないか、と。

でも日本でやった仮想・ウズベキスタンと実際に現地で行われた試合は芝が違い、完全アウェーの雰囲気も違い、激しさも全く違いました。

ホームでの親善試合がどれほど意味のないものか。いい加減気づかなければならない時期です。日本はチームを強化するために何が必要か、冷静に分析しなければいけません。今回は中澤（佑二）と（田中マルクス）闘莉王が必死に守って逃げ切りましたが、ワールドカップでベスト4を目指すというチームの強さを見せて勝ったというわけにはいきませんでしたね。

今の日本は'06年のドイツワールドカップから3年歳をとっただけのチームだと言っていいでしょう。新・大黒（将志）とも言える岡崎（慎司）とか、確かに新しい選手も出てきているのは喜ぶべき傾向ですが、いかんせん前回ワールドカップから3年経ったわりには、まだまだ数が少ない。(中村)俊輔に遠藤(保仁)、中澤と、未勝利で敗退した3年前の選手がいまだ主力を務めています。彼らの経験は何物にも替えがたいですが、少なくとも彼らのレギュラーを脅かす存在がもっと出てきてほしいです。

圧倒的な力でワールドカップ予選を突破したわけでもありませんし、残した実績は3年前と同じなんです。シビアですがそれが現実。ボクも期待は持っていますが、前回のワールドカップから日本が成長したかというと、何も変わっていないという印象のほうが強くなってしまいます。

何度でも言いますが、日本は岡田監督が就任してから世界のトップレベルと試合をしていないんです。唯一それなりのメンバーを揃えていたウルグアイにはホームでの試合だったにもかかわらず完敗。

強くなりたいのなら、理屈じゃなくて体で覚えて変えないとなかなか身に付くものではありません。負けてもいいから世界のトップと試合をするべきです。

ウズベキスタンやバーレーンと同じレベルの試合をしていて、目標は「世界のベスト4

だ」と言っていますが、そんなことを言っていると知ったら世界は驚きますよ。

メディアも疑問を持っているのにかかわらず、チーム関係者が「世界でベスト4は大丈夫」と言っていることは驚きです。大きな目標を設定することは、決して悪いことではありません。重要なのは、本気で実現したいなら具体的に何をするか、です。今回はただでさえコンフェデに出られず世界と真剣勝負ができないんです。アジアレベルではなく、もっと強い相手と厳しい条件の中で戦っていかないといけないのは当然でしょう。

世界で上を目指すのなら変えないといけないことが山ほどあります。日本サッカー協会も、マッチメークも、もう遅いですが、外国人選手の帰化も真剣に考えなければいけなかったことでした。

ひとつ気になっているのが、「南アフリカのワールドカップに出る!」という野望を持ってプレーしている若手が日本にどれだけいるのかということです。

「次のブラジル（'14年）で出られればいいや」と思っている選手の声は多く聞きますが、「絶対に南アフリカに出るんだ」という声は聞こえてこないんです。より多くの選手が競争に参加し、レベルアップしなければ、チーム力は底上げされません。

ワールドカップ出場が決まったのに……不安しかない［'09 6／14］

6月10日のワールドカップアジア最終予選、日本対カタールはお粗末な消化ゲームとなってしまいました。前回のウズベキスタン戦ではボールをつなげず、相手に何度も決定的なシュートを打たれていた日本。この試合も全く同じような試合を見ている感じでしたね。

相手のプレッシャーが厳しくなるとボールを保てない。ミスが多い。そして押し込まれる。この繰り返し。特に気になったのが、目指しているパスサッカーが自分たちの首を絞めているという点。パスを出して動いて……を繰り返しているうちに、結局相手よりも早く疲れてしまっているように見受けられます。

確かにどの試合もいいサッカーをしている時間帯はあるんです。ですが、特に試合終盤になるとパフォーマンスが落ちてしまう。この試合も序盤は良かったものの、疲れが見えてからはプアな内容になってしまいました。

ケガ人に代わって出た選手たちのパフォーマンスも周囲の評価を高めるものではありませんでした。メンバーを落としたキリンカップのチリ戦で活躍して評価されていた阿部（勇樹）が真っ先に替えられ、チリ戦でゴールを決めていた本田（圭佑）もゴールには絡めずじまい。

結局彼らは弱い相手との試合でつかんだ感覚のまま本番に臨んで失敗しました。これがマッチメークのミス、怖さです。結果、最終予選のホームゲームは内容もイマイチな１－１。ホームゲームの通算成績は１勝３分で終わってしまったのです。

ワールドカップ出場が決まって気持ちが緩んでいたこともあるでしょう、そこは人間ですから。それにしても、カタール戦の日本代表は明らかにコンディションが悪かったです。ホームで強い試合を見せてほしかったけど、結局はこれまでと同じ。中澤（佑二）と（田中マルクス）闘莉王が必死に跳ね返して引き分けにするのがやっとでした。

岡田監督は「悔しい。強いところを見せたかった」と納得していなかったようですが、コンディションを合わせられなかったということでしょう。ホームで戦う予選でチームのコンディションが合わなくて、南アフリカの環境で調整できるのか、早くも不安です。

今のところ来年のワールドカップに向けては不安しかありません。ボクはずっと意見を言ってきているけど、なかなか変わらないですね（苦笑）。

ベストのコンディションで臨めずにバテて負けたドイツワールドカップのオーストラリア戦と、今回のウズベキスタン戦やカタール戦を比べて何か良くなっていますか？　ドイツのときと比べて、明らかにレベルが下がっていますよ。世界で対等に戦うためには強化、スケジュール、Jリーグも全て見直しが必要。それなのに日本サッカー協会は準備が遅れていることを認めたがらない。誰も責めない。この甘い考えで本当に勝てるのでしょうか。本当に不安しかありません。

岡田監督は「世界ベスト4」という目標を公言しています。タイトルは美しい。ですが、このままでは来年のワールドカップでは、残念ながら3連敗で帰ってくる可能性が高い。

ただし、惨敗して帰ってきても、〝甘い〟日本は「ドンマイ」で済ませてしまうのでしょう。ボクは勝ってほしい。日本代表に、世界で勝ってほしいんです。

だから岡田監督の「ベスト4」という〝希望〟ではなく、犬飼会長にプロとしてきっちりとしたノルマを提示していただきたい。そしてノルマが達成できなかったら日本サッカー協会の幹部は〝総取っ替え〟するくらいの覚悟をもってもらいたい。ノルマを達成するために何を詰めていけばいいのか、真剣に考えてください。

現在の予選も、「1位でも2位でもどちらでもいい」ような雰囲気になっているけど、そんなに甘くていいのでしょうか。最後のアウェーのオーストラリア戦からして不安です。

コックを代えないことには味付けは変わらない［'09　6／20］

日本代表はオーストラリア代表に逆転負けして、ワールドカップアジア予選は2位で終わりました。完敗でした。今回の試合は（中村）俊輔や中澤（佑二）がいませんでした。

岡田監督は、「いるメンバーでよくやった」と言っていましたが、これは日本のサッカーは主力数人がいなくなったらこの程度のサッカーしかできないということと、選手層が薄いことを認めているようなもの。監督が、

「ケガ人が出たらワールドカップは戦えない」

と、言っているようなものです。

ワールドカップベスト4という目標を口に出すことは、出さないことより立派だと思います。でも、こういった試合に負けてもいいのでしょうか。セットプレーだったら失点しても「問題ない」で済ませていいのでしょうか。

ボクは彼がワールドカップで負けたときの言い訳を作っているようにしか聞こえません。岡田監督は'98年のフランスワールドカップで1勝1分1敗という目標を立てて自分の首を絞めたことを忘れたのかな。

負けたときの言い訳ばかりしている監督で本当にベスト4は大丈夫と言えるのでしょうか。本人にそのつもりがなくても周囲は言い訳にしか聞こえていない、そのことは分かっていると思うのですが。

今回の試合では中澤と（田中マルクス）闘莉王が揃っていないと日本の守りに不安があることが示されました。また両SBの空中戦の弱さも目立った。

それ以上に「何をやっているんだ」とあきれてしまったのは、ベンチに控えGKを2人入れていたことです。

ボクは草サッカー以外で控えにGK2人を入れるのを初めて見ました。なぜFWを、もう1人フィールドプレイヤーを連れていってベンチに入れないのでしょうか。負けている状況で交替枠を1人残していたのに、ベンチに残っていたのはDF3人とGK2人のみ。結局勝負どころで日本はカードを切ることができなかったのです。

すでにワールドカップ出場が決まっていたからなんて理由にはならないでしょう。勝たなければ、点を取らなければグループ1位になれないワールドカップ予選最終戦でやったこの失態は責任問題に発展してもおかしくなかったと思います。

ボクは、岡田監督を代えるべきだと思っています。今回明らかな課題となった選手層を厚くするため、そして個人のレベルアップのため、日本に必要なのは「競争」です。

選手同士を競争させるために必要なもの。それは固定観念を抜きにして、選手に一からポジション争いをさせること。監督が代われば、新しい代表チームになるし、アピールするために確実に競争が生まれてきます。それが選手のレベルを引き上げます。

競争しなくて結果が出せるのならそれがベストですが、日本はアジアの中でさえも結果を出せなかったんです。選手たち自身が試合後に「レベルアップが必要」と、自分でレベルを上げないとワールドカップで戦えないことを認めていました。この反省を活かすためにも競争を促す環境が必要です。以前料理の話をしましたが、コックを代えないことにはいつまでたっても味付けは変わらないんです。

ワールドカップに行く、と言われてもオーストラリアに勝ち点差5。正直、メディアもサポーターもみんなあきれているでしょう。一方で世界ベスト4を目指すという。でも日本代表にはそれほど危機感が感じられません。それはみんなが本気で、

「このままではやばい」

と言わないからです。いつも意見を言っているボクは世間で辛口だ、と言われます。でも意見を言う人間はマイノリティ（少数派）になっている。マイノリティでは力がないんです。だから日本サッカー協会や当事者たちに全然響いていかないんですね。

毎回ワールドカップやオリンピックで負けた後に「やっぱりダメだった」って言う解説者たち。ボクは思います、分かっているならなぜその前に言わないんだ、と。

そして日本サッカー協会の講習でライセンスを与えられた指導者はどんどん増えていく一方で、代表のサッカーについて強く意見を言う人は出てきません。サッカーの知識が蓄えられた人がどんどん増えているのに、です。

今の日本代表のサッカーで、今の監督で、本当に勝てると思っていますか？

「後ではなく今言うべき」。そうしないと4年に一度ワールドカップに出て負けることを繰り返すだけになってしまいます。サッカー日本代表の未来がそれで、本当にいいですか？

おわりに

ブラジルから日本にやってきたのは37年前。まだＪリーグもなく、日本サッカー全体がアマチュアだった頃でした。ボクは当時から日本のサッカーのために、良かれと思うことを意見してきました。補欠をなくすために登録制度を見直すべきという意見から、現在のＪリーグの組織運営や日本代表の強化についてまで。でも、他に意見する人がいないから、ボクの指摘は全て批判として捉えられ「辛口」というレッテルを貼られています。

日本人は真実を言わない。特に顕著なのが日本のスポーツメディアです。実力がまだない選手をヒーローとして祭り上げたり、弱いものを強く見せようとしたりすることばかり。中国産のウナギを国産だと言い張っていた事件があったでしょう。つまるところそれと同じです。

ワールドカップ最終予選で、最終的にオーストラリアに勝ち点差5もつけられているのに、誰も本大会への危惧を表さない。そして前回ワールドカップで負けて、アジアカップでも負けて、北京オリンピックでも負けているのに誰も日本サッカー協会の責任を追及しようとしない。分かっていないわけではないのです。日本代表戦後のミックスゾーンでは、記者たちが「これではダメだ」と言っているのに次の日、新聞を見てみたら言っていた内容と違う内容の記事が載っています。

今回日本代表はアジア最終予選を突破し、南アフリカのワールドカップへ行くことだけは決まりました。でもワールドカップ出場を決めたアウェーのウズベキスタン戦はやっとやっとの1－0勝利。続くホームのカタール戦はいいところなく引き分け、そしてグループ1位をかけたオーストラリア戦は力の差を見せ付けられて負けました。ボクが生まれたブラジルならば、最後のオーストラリア戦終了のホイッスルが鳴った瞬間、監督はクビですよ。ブラジルはコンフェデレーションズカップで優勝しましたが、監督のドゥンガはずっと「クビだ」という世論にさらされています。

本来、メディアにとってこんなに格好の材料はないんです。ブラジルならばメディアが「監督交代」への流れを作ります。ドゥンガ監督は毎試合クビをかけて戦っている。だから、代表がたくましくなり、チームが強くなるんです。日本はどうでしょうか。間違いなく言えることは「日本の代表監督は揉まれていない」ということ。今の日本代表は監督だけが悪いわけではありません。選手が悪いわけでもありません。代表に厳しさを求めない日本全体の風潮に不調の根源があると思うのです。

日本と世界との一番の差は、メディアの差、世論の差なのではないでしょうか。今回この本を書いたのは、その事実を知ってもらうための第一歩です。本来はメディアが先頭に立って国民の意識を変えないといけないのです。メディアが「チームを強くするために」厳しく指摘することで世論が形成され、国のサッカー協会などを動かすのです。そう。「強くするために」指摘するのです。「勝ってほしいからこそ」訴えるのです。当事者たちもそのような期待の表れだと感じるからこそ、黙って厳しい意見を受け入れるのです。そこに本来後腐れなど存在するはずもありません。

現在の大不況もあり、日本のメディアには覇気がありません。日本のスポーツ新聞、サッカー誌の売り上げが伸びない。クラブ経営が厳しい。観客が減る。視聴率が伸びない。でも果たしてそれは不況だけが理由なのでしょうか。何に怯えているのか知らないけど、悪いものを悪いと言わなかったから現状を招いた点もあるのではないですか。今の日本のサッカーメディアの苦しみは、メディアが何かに対して我慢し続けてきたからです。

最近よく「セルジオさん、もっと言ってくれ、もっと指摘してほしい」って言われます。ただあえて言います。「あなたたちが言うべきだ」と。日本人は日本代表を強くするための世論を自分たちでつくっていかなきゃいけません。「公約を守れなかったらどうするんですか？」と言う宮崎県の東国原英夫知事や、アメリカ合衆国大統領のオバマさんみたいな「日本サッカーをチェンジする」存在が必要なのです。

ボクが意見するのは日本サッカーのためでもあり、日本サッカー界で仕事をしている人たちのためでもあります。ボクは日本サッカーのマーケットの中にいます。日本サッカーが弱くなったら仕事を失ってしまう。必死です。だから日本サッカーのプラスになるためだったら、どんなに耳に痛かろうと、真実を言い続ける「覚悟」があります。

ピッチだけではありません。ベンチだけではありません。クラブだけではありません。日本サッカーに携わる人たち、日本サッカーを愛する人たちも他人事ではないのです。

みんなで立ち上がる「覚悟」を持たないといけません。サポーターの皆さんも日本に強くなってもらいたいでしょう。だったらメディア、サポーターで日本を強くするために正面きって言わなきゃいけません。立ち上がれ、日本！

本書は、講談社が運営しているサッカーモバイルサイト「ゲキサカ」で連載されているコラム「セルジオ越後の『越後録』」を加筆、修正したものです。

写真　渡部薫（講談社写真部）
構成　吉田太郎
編集　伊藤亮
協力　パスインターナショナル

サッカー日本代表《にほんだいひょう》2010年W杯《ねんワールドカップ》へ
セルジオ越後録《えちごろく》
2009年8月20日　第1刷発行

著者　　セルジオ越後《えちご》

発行者　　持田克己

発行所　株式会社講談社
〒112-8001　東京都文京区音羽2-12-21
電話　編集部　03(5395)3762　販売部　03(5395)4415
業務部　03(5395)3615

印刷所　大日本印刷株式会社
製本所　株式会社 国宝社

なお、この本についてのお問い合わせは、
第一編集局ジャーナル・ラボ編集部あてにお願い致します。

JOURNAL LABO
KODANSHA

ISBN978-4-06-215737-7